U0935178

赴一场烈焰繁花

DJ茉莉 著

沈阳出版发行集团
沈阳出版社

图书在版编目（CIP）数据

赴一场烈焰繁花 / DJ茉莉著. -- 沈阳：沈阳出版社，2022.12

ISBN 978-7-5716-2947-2

Ⅰ. ①赴… Ⅱ. ①D… Ⅲ. ①随笔—作品集—中国—当代 Ⅳ. ①I267.1

中国版本图书馆CIP数据核字(2022)第235431号

出版发行：沈阳出版发行集团 | 沈阳出版社
（地址：沈阳市沈河区南翰林路10号　邮编：110011）
网　　址：http://www.sycbs.com
印　　刷：沈阳六扇门印刷有限公司
幅面尺寸：150mm × 210mm
印　　张：7
字　　数：150千字
出版时间：2023年7月第1版
印刷时间：2023年7月第1次印刷
责任编辑：鲁莎莎　田　强
装帧设计：Amber Design 琥珀视觉
责任校对：郑　丽
责任监印：杨　旭

书　　号：ISBN 978-7-5716-2947-2
定　　价：68.80元

联系电话：024-24112447
E - mail：sy24112447@163.com

事常与人违，事总在人为。

序言
01

序言

1999年，用复读机听卡带的年代，第一次听到朴树的《那些花儿》，边听边看歌词页，不自觉跟着哼唱：“啦啦啦啦，啦啦啦啦，啦啦啦，想她。”

我用笔尖给每个“啦”盖戳，数了数整好11个，不知是恰好押韵还是里面恰巧住了他的11位朋友。

歌词把遇见的每个人比作一朵小花，我自己也曾是花中一员，蓦然回首，百花齐放的满园春色一去不复返，我们被岁月吹散在世界每个角落。

多年后，再听这首歌，心突然揪起来，有股钻心的疼，眼里却流不出咸咸的液体。时间的沙漏用11个“啦”让我体会着：花开花落终有时，缘起缘灭无穷尽。

11明明是双位数，一模一样的两个“1”，并排而立，却不知为何总给人形单影只的感觉。

如果人生注定是场孤独的旅程，我希望与你相遇时能互放光亮，到对方的心底瞧一瞧，你猜会看到怎样的景象？

而我偏偏钟情 12 这个数字，看起来有依偎感。一年有 12 个月，一个完满的轮回，有始有终。

朋友、恋人、家人，将你我成长中最重要的人写在纸上，数了数笔画，恰巧 12 画。

他们与我共同成长的过往，友情、爱情和亲情交织的难忘片段，组成了书中 12 个篇章——12 种花，12 种赋予寓意的花语，12 段故事，形成朵朵顽强的生命力之花，绽放在你眼前。

我们有欢声笑语，也有声泪俱下；有对生活的无可奈何，更有对自己的无能为力。有趣的是：无论我们经历过什么，对于爱都难以抗拒。

数学成绩一向糟糕的我，只能咬着铅笔，在小数点旁四舍五入地游移，用文字赋予的温度解读数字背后的意义。

一路跌跌撞撞地长大，得到与失去究竟哪个更多？权衡利弊后的选择，是否真的为我们带来快乐？答案在我们心底。理智与情感混合的计算题，如何算出标准答案。

若非要回答，我想会是一道多解题，因人而异。

解题要领是：遵从你的本心。

你第一次听到我的声音是什么时候？
那时的你正在经历什么？
你还记得我们初相识时的细枝末节吗？

今天的你，过得还好吗？
距离上一次听到我的声音过了多久了？

不管你是否记得与我有关的点滴，我都会记得你。我要把你栽种在家里的后花园，再把与你有关的独家记忆精心灌溉，然后看我们花开花落无穷尽。

因为只有在那里，我才敢说出心底的秘密："其实我是个小气鬼，一直想私有你！"

可怎么才能私有你呢？我不知道！心底另一个声音与我拉扯："这是自私的占有欲吗？"

从小接受的教育告诉我：爱一个人要克制这种占有欲，简单地给予就好。我努力照做，偶尔患得患失："我曾在哪个瞬间，真切拥有过你？"

我把这种感受归结为"网恋后遗症"，谁让我们的缘分始于网络呢？虚拟世界建立的情感发展到瓶颈，我需用一个真切的拥抱去冲破它，让我们连接得更紧密。

于是，我决定去现实里看看你，见见你的朋友，走进你的世界。同时也写下这本书，带你进入我的世界，因为我想与你亲密无间。

这本书的名字叫《赴一场烈焰繁花》。烈焰是我们猛烈燃烧的火焰；繁花是你，是我，是"茉莉伐木累"的家庭成员，是每一位听过我节目的"耳朵"，更是陪伴我成长里的每个人，是我们。

谢谢你以花的姿态连接进我的生命，盛开在当下，结我们未来期待的果。

与你谈笑风生，与你谈过心声，是我们灵魂相认时开出的心花。我希望这朵心花的花期是：永远。

永远不再凋落。永远。也是 12 画。极好。

这场烈焰繁花之旅，你会如约而至吗？当你看到这里，说明我们的缘分已经开启。

Hi，我是茉莉，素未谋面，承蒙厚爱。字里行间说不尽的感激，一字一句斟酌，化作琴弦的淋漓笔墨，倾洒出一场烈焰繁花。

唯愿陪你赴这场烈焰繁花，写一封漫长的告白。

落款是：一朵茉莉花。

1

鸳鸯茉莉

爱我的昨天

今天

明天

所有皆过往　过往皆序章

眼盛星河，
心向远方。

生活总是穷追猛打逼着我跑，跑慢了被打死，跑久了会累死。横竖是死，躺平不是我的性格，那就努力在流亡的挣扎中触碰下生命的意义。

有时候跑累了，我就偷会儿懒；眼看被追上了，我再接着跑。跑着跑着，就听见有个声音对我说："你是个大人了。"

这个大人时刻准备着，应对每一场突如其来的浩劫，做恰如其分的自己。坚强而不逞强，柔软而不软弱，刚柔并济地穿梭在人生的高速公路上。

咣当一声砸来意外，我被工作困在了深圳福田，刚接到表哥的电话，说小姨过世了。

小姨是妈妈的亲妹妹，我们平日来往不多，回忆里能搜索到的碎片少得可怜。每次提起小姨，妈妈总会心有执念："我得了这个病，她为什么从没来看过我一次？"北京与沈阳的距离不到 700 公里，亲姐妹何以生疏至此？

远亲不如近邻，妈妈体会得比我深。我小心翼翼地安慰道："生老病死谁都会经历，哪天她生病了，你也可以不去看。"这种宽慰的话语对我妈最有效，劝她大度的话我讲不出。未经他人苦，莫劝人大度。

最后一次见小姨是妈妈患病的那年中秋，妈妈来北京看我，为了哄她开心，我便提议约小姨家一同过节。仔细算来，那是这对亲姐妹最后一次共进晚餐。

妈妈听到我在电话里告诉她这个噩耗，沉默了许久。我不知道沉默的时间里，她脑海中闪过了什么，只是问了句："她的骨灰葬在沈阳还是北京？"

这事得我表妹决定。我与表妹来往甚少，按理说同在北京应该多走动，可我若说长辈们的亲疏程度，潜移默化地影响着下一代，会让你觉得是托词吗？

我触景生情，莫名地惦记起表妹，仿佛看到了多年前的自己。

当年医生告诉我，妈妈患乳腺癌晚期，根据癌细胞转移的情况推算，从治疗到离开最多两年时间。翻江倒海的心，如今仍深受触动。我恍惚在梦中：一定是听错了，妈妈怎么会离开我？

不知何时，父母竟成了隔在我们和死神之间的帘子。父母健在时，我们很难体会到死亡的真正含义。

生活在小说和电影里的情节，与自己的处境重叠时，自然就能感同身受。推己及人，表妹会不会如我当年般，在心底给自己打气说："从今往后你就是大人了，凡事不能再去问妈妈，要照顾好妈妈，让妈妈剩余的时间过得舒心，不留遗憾。"

有人慌张见面，
有人简单告别。

可谁的人生能不留遗憾？我们拼命弥补又无力握紧的时间，不动声色地流失在每一句争执、每一个忘记带伞的雨天、每一杯难喝的咖啡和每一个不曾起舞的日子里。

明知表妹有小姨父陪伴，我的恻隐之心仍在作祟。我知道我们这代人的家庭教育里没有“死亡”两个字，中国人最忌讳谈“死”，如何体面地与父母告别是我们成长里逃不开的必修课。

脑海中突然浮现大舅去世时，表哥一个人孤零零地捧着父亲的遗像、在寒风中打着灵幡的样子。白事知宾站在表哥的身旁，用话术引导整个丧事的流程。面对同样的场景，这一次换成了表妹。

我拨通表妹的电话，得知小姨从确诊肝癌晚期到离世仅两个月的时间。60天，让从未离开过母亲独自生活的她如何倒计时？对于母亲不久于人世的五味杂陈，她要如何消化？

毕淑敏说过：父母在，人生尚有来处；父母去，人生只剩归途。

外公外婆有四个儿女，两男两女，我妈排行老二，小姨排行老三，两个舅舅分别是家里的老大和老小，我唤他们为大舅、小舅。大舅和我妈相继查出胃癌和乳腺癌晚期。大舅没能战胜病魔，不幸离世，没想到小姨也突然得了肝癌离世……面对生活无情催促，我们兄妹几个一次次被逼着与亲人说再见。

大舅离开那年54岁。从他离开的那天起，哥哥就知道：以后再遇困境，无人可商量；无论他取得怎样的成绩，大舅再也看不到了。这种成长的孤单与所谓的成熟共存。

幸福的人是自然长熟的，不幸的人是被迫催熟的。

我在电话里安慰表妹，距离使这种安慰苍白无力，甚至无法在现实里给表妹一个真切的拥抱，给予她亲情的温暖；也不能去看小姨最后一眼，对她的遗体告别。全家人陷进深深的遗憾里，沉默不语。

所谓亲人就是：地上一个个送，天上一个个接。地上的离别，天上的相聚。一位亲人，一个生命，猝不及防地定格在一瞬间。

我想伸手倒转时针，重温一下与小姨的记忆，脑海早已模糊一片，物是人非。亲人的连接尚且如此稀薄，其他停留在我们身边的人，又该如何去珍惜？

南方湿润的空气里，我独自站在阳台。耳机里 Crispy 脆乐团在唱：你可曾在一首歌里听见一个夏天？你可曾在一瓶可乐喝到谁的童年？你可曾在空气的温度里找到一些安慰？

每逢春节，我会抽出一大段时间陪家人。最期待除夕年夜饭桌上，一大家子人就着我的糗事下酒，其乐融融的氛围感拉满。

听说我小学二年级就能一个人乘公交车出行。有一年暑假，妈妈叮嘱我去外婆家帮她送一盘香蕉，我煞有介事地提着香蕉上了车。在最后一排找好位置坐下，途中看着袋子里的香蕉，情不自禁，一根接一根吃得过瘾。眼看就要到站了，才回过神发现香蕉就剩了两根，其他的都给我的肚子付了闪送运费。

我不是一个爱吃香蕉的人啊！无奈家里人证太多，只能“伏法认罪”。为此我常在想：人对自己不光彩的过去，会不会自动格式化删除某些记忆？我无疑是兄妹里哏儿最多的一个，持续输出糗事。

与家人相处的每一段记忆对我来说都格外珍贵，不定期从回忆库里调取出来回味下，反复咀嚼一些快被遗忘的细节，在其中寻找一丝安慰，余温久久挥之不去。

生活不仅仅是你经历了什么，更是你记住了什么。

那年夏天，表哥带着我们三个表妹跑去地里偷玉米。仓皇而逃的路上，其中一个表妹的脚陷在泥泞里，我们把表妹的脚拔出来，继续跑。最小的表妹喊：“鞋没了！”原来没人发现她是赤着脚跟着我们跑。

“再找鞋后面的人就追上来了！”表哥不由分说地抱起表妹带我们迅速逃离“作案现场”。我只管跟在表哥的屁股后面跑，既不担心找不到回家的路，也没在意负重抱着表妹跑的表哥累不累。

多少年过去了，表哥还是那个凡是都想保护妹妹的表哥，他依然会说："你在北京有事随时给我打电话。"可我已不是当年只顾着傻跑的妹妹，我长大了，想帮表哥保护好偷来的玉米，轻声地问一句："哥，你累吗，妹妹能帮你分担些什么吗？"我猜他会说："没事，哥很好！"

成年人的没事，未必是没事，也可能是咬着牙的苦撑。

家人眼里，我是大大咧咧的粗线条，不哭不闹的孩子。对别人说什么我都没脾气，估计这是家人对我最深的误读。谁能告诉我，一个单亲家庭长大的孩子，哭有用吗？哭会得到更多的爱吗？哭都没底气的人，还哭什么？也许笑笑更治愈。

我不太在意别人如何看待我，也不愿逢人便坦露真我，毕竟这个世界没人有正确认识你的义务。真正想了解你的人会去品，对你不在意的人解释太多也没用。好看的皮囊和有趣的灵魂，都得遇见同路人才有下文。

我的性格与原生家庭有很大的关系，除了吃饱穿暖的基本需求，妈妈的精神引导和陪伴甚少。为了自保，我更像个男孩子，有意识地剔除性格里的娇气柔弱，让自己练就一身坚强。

没有伞的孩子要快跑，跑着跑着就长大了。但是能力有限，我好像不能为亲人做什么，可我想让他们知道，我很爱他们，非常在乎他们每个人。

去年小侄女馨馨给我创造了一个机会。我和嫂子帮她班级的同学排练会演节目，从指导朗诵、排练课本剧、准备服装道具到视觉呈现，多维度带着孩子们练习了一周，玩着玩着就向班主任和学校领导交出了一份满意的答卷。

那段时间，我推掉了一个非要重要的工作，却甘之如饴。嫂子私下里告诉我，女儿问她："姑姑为什么这么厉害？"嘿嘿，来自小侄女的崇拜似乎有一种魔力，我毫不犹豫地用一个年度奖杯去交换。她让我感受到姑姑的称谓不是空的，让我的情感有所安放，透过她折射对家人的爱，倍感荣幸。

亲人让我知道人生的来处，不管我走到哪里，回头看，他们都在。绵长的亲情会在人的身上生出一双隐形的翅膀，带你飞到想去的地方，成为你想成为的人。

此时身处异乡，特别思念远方的亲人。妈妈心有灵犀地打来电话，我本想就小姨去世的事再宽慰她几句，没想到她竟然反过来叮嘱我照顾好自己，不要为她担心。

妈妈正处于服用化疗药物期间，因怕我挂念，接连几天把每一餐都拍照发给我，用这种方式向我报平安，让我勿念。

2022 年，
小侄女馨馨升入初中，
我带她去拍照留念。
希望有一天，
她长大后，
回看这些照片，
脑海里会浮现出无数个珍贵画面。

一天傍晚，我们像往常一样打视频电话，我发现她情绪明显的异样。我试问："妈妈，今天遇到什么不开心的事情了吗？"她有些哽咽，为邻居的突发情况而感到难过。

我知道妈妈除了对邻居有恻隐之心外，也怕哪天轮到她自己。自从得了乳腺癌，经历了 2 次手术、6 期化疗、2 期放疗以后，她就坦言自己担不起事了，遇事越来越没有主心骨，就连买个家电这种小事，都很难自己做决定。

我一开始并不理解妈妈，心想买东西的钱都提前给了，她挑自己喜欢的买回来就行，这事情有多难吗？后来，我细品了几件小事，发现的确如她所说。人老了会逐渐失去年轻时的果敢，对儿女越来越依赖，像小时候我们遇事就喊妈妈一样。

当年主动提出离婚，选择成为单亲妈妈，独自抚养我长大的她真的老了，被病魔折磨老了。化疗掉光的头发，即使再长出来也是花白的。她戴着一副老花镜，眼里失去了往日的光泽。她让我帮她把手机里的免密支付功能关闭了，她说那是误选的，不会关了，总怕账号里的钱不翼而飞。

我隔空安慰着她："妈妈别怕，有我呢！"

"我不怕，你放心吧，癌症我都扛过来了！"她说。

2023 年，母亲与癌症对战的第 9 年。
正月十五，母女俩同游老北市元宵节灯会。
她说：“女儿，我现在感觉很幸福。”
感受母亲猝不及防的一抹温柔，
我的泪水从眼角滑落。

妈妈总是有老天的眷顾，没过几天邻居平安归来，我这颗揪着的心算是放下了一大半。

经过漫长的等待，我终于走出小区，看到路口满地跌落的木棉花。枝繁叶茂的三角梅随处可见，三片瓣中捧着含苞待放的白色花蕊。一阵春风拂过，玫红色的花朵摇曳生姿，似乎在为我欢呼雀跃。

妈妈让我安心写书，待完成书稿后再回去。异地生活对我的影响并不大，到哪里都是与电脑、话筒、录音间为伴，我早已习惯没有底噪的生活方式。

朋友突然打来电话，急促地说："有个事情实在着急，人命关天，能帮我想想办法吗？"我让他别着急，慢慢说。

"我奶奶 85 岁，前几天因胰腺炎住院了，医生突然让她进 ICU，情况似乎不太好。我姑一个人在里面陪护又拿不定主意，目前不让家人去医院探视，现在全家人急得团团转……"他说。

莫名的缘分，让我和医生群体结下了不解之缘。对他们有尊敬和感激、有崇拜和欣赏，从患者、患者家属、朋友、工作伙伴的不同身份，领略他们群体人格不经意间溢出的美。

如果有人说医生群体的坏话，我会第一个站出来反驳。医生是人，是加持了职业光环的普通人，他们不是圣人，却是你病魔缠身时愿意为你驱赶病痛、照进一束光的人。

朋友奶奶所住的医院我并无直接认识的医生，只能辗转联络，又担心错过奶奶的最佳治疗时机。每个个体的每件小事都关系到“人命”俩字，生命在此时显得格外脆弱。

幸亏凯哥及时帮我联络到了奶奶所住医院的朋友。院长亲自去病房了解了奶奶的病情，反馈救治希望很大，赶紧送进 ICU 积极配合治疗，我如释重负。

人生除生死，无大事。生病以外，我们感受到的任何痛苦都是自己的价值观带来的，价值观是我们基于感官之上而做出的认知、理解、判断和抉择。只有疾病带来的痛苦是真的，需要医生介入解决，其他的痛苦都是精神层面的，你只能试着向内求，方能生出羽翼。

我陪妈妈抗癌的 9 年里，对生命的认知不断被刷新。看着她在痛苦中结疤再发芽，涌出顽强的生命力。一路陪她释怀无能为力的，握紧可以努力的。陪伴她的途中，我细观自己的内心，逐渐清晰了自己想要的生活和未来的方向。

无论是小姨突然去世，还是朋友奶奶病危预警，不约而同地揭示出生命的脆弱和无常。

可这些非但没能吓跑我，反而让我更坚定地牢牢握住今天。不管明天和意外哪个先来，今天是相对真实的，是我能感知的，也是我有能力主宰的。

今天是什么？可能不是普通意义的当下，在我心里是朱光潜先生的六个字：此身，此时，此地。此身，是说凡是应该做的而且能够做到的事情，绝不推诿给别人。此时，是说凡是应该做的而且能做到的事情，绝不拖延到将来。此地，是说此地应该做的而且能够做到的事情，绝不等待想象中有了更好的境地再去做。

我是一个不留遗憾的人，对重要的人和事不遗余力。

妈妈刚查出乳腺癌晚期时，我们有过一次促膝长谈。我坦言了她的病情，准备了一张银行卡和一张地图，对她说："妈妈，我如实和你说了病情是希望你自己来选择，你的命自己说了算。卡里的钱是用着去医院治疗，还是打开地图把你想去的地方都去一遍，你说了算。无论选择哪个，女儿都会陪着你，可身体要承受的痛苦，女儿代替不了你……"

我说那段话的时候，并无今天的理智成熟，多是无知壮胆的无畏。可我一直知道我比同境遇的人幸运，幸运的是那张银行卡里的数字，没让我在那个时间点上吃钱的苦，给我足够的底气去做一个无憾的女儿。这是我非常感谢前夫的地方，没有他的支持我一个人是办不到的。

我与前夫感情故事里的起承转合，无数次在梦中重复。母亲初期治疗结束后，我即将被这段感情推进无尽的深渊，作为爱的偿还。此间种种，往后再与诸君一一诉说。

比起来日可期，我更喜欢如约而至。

世间百态，在手机镜头下一点点被推近，再慢慢拉远。时间是最佳导演，导出每个人不同的人生结局，然后又殊途同归。不是每个人都能知道生命与时间的含义，也不是每个人都懂得在有限的生命里去做一些喜欢的事情。这世间从没有分离与衰老的命运，只有肯爱与不肯爱的心。

朋友刚刚打来电话致谢，说奶奶抢救回来了。妈妈也在视频里跟我说过段时间带她去趟北京，到小姨的墓上看看。

我迫不及待订了回程的机票，离开前我想带走一株南国的茉莉，此花又叫鸳鸯茉莉，味道与普通茉莉无差，但由于开花的顺序有先后，在同一植株上能看到不同颜色的花。小花初开时为深蓝色，后变为淡紫色，最后变成白色，寓意为“昨天、今天、明天”。

我把自己的昨天、今天、明天精心地收藏，毫无保留地摊开给你看，与你分享我生活里的初春和深秋。用键盘敲打涣散的心事，让你感受我的一半海水一半火焰、一半甜蜜一半感伤。

双子座摘下面具，让你看到她真实的样子，流着鼻涕把妆哭花，声嘶力竭。也许她并不勇敢，但她一直在试图勇敢。一个动作温习久了，形成了肌肉记忆，变成一个壳把她套在了里面。

万物之中，希望至美，
至美之物，永不凋落。

唯愿余生“尽兴”，声泪俱下也要在现实里狂舞。做一株绽放、衰落、再绽放的茉莉，光着脚丫在树上唱歌。

与你并坐 4 月，笑看人间春色。一树一树的花开，夕阳染红晚霞，晚风里暗香浮动。请允许我摘一朵小花，为你别在耳际，耳鬓厮磨，缱绻旖旎。

答应我，这一次，

我们都不去猜这朵花能开多久。

满天星

思念

清纯

真心喜欢

酷狗的“耳朵”在留言板问：“茉莉，你是有故事的人吗？”

用心爱过的人都有故事，和一段谁也拿不走的独家记忆。

往事用慢镜头重播，眼睁睁看着青涩被遗憾瓜分。那些如鲠在喉的回忆，让我觉得说爱和恨都多余，只想赶紧拖着疲惫的躯壳逃离废墟。我尽量简单地描述这个故事的起承转合。

Z 先生大我四岁，是一名室内设计师，我的前夫。从相识到分道扬镳花光了我十年青春。分开的原因无非两点：其一，他与女助理关系不清不楚；其二，他创业面临破产，不想连累我。电视剧里的情节，在茉莉的生活里上演。

故事过了很久，请允许我尽量客观地审视自己的情感。我想清楚地知道与他的山盟海誓如何像风中沙被吹散，他的脸如何在我的视线中开始模糊。

如果没有这本书，我一定没有勇气把结痂的伤口再扒开。我知道粉丝很关心我的感情生活，今天是个合适的机会，向你坦白我饱满和沸腾的背后，隐藏的喑哑与沉默。

多少故事回想起，
只剩结局和初见。

当年面对生活变故时，我纠结于他与女助理的混乱关系不放，他满脑子想的是如何力挽狂澜拯救公司。感情里锱铢必较的妻子，让这段婚姻摇摇欲坠。我不是一个可以随便敷衍的人，也许他那时就清楚，我们再也回不到从前。如若考虑未来的东山再起，怎么选都是助理更实用，工作与感情的双重伙伴无疑比我更适合。

我痛恨他的软弱，也深深地理解他。这听起来是不是很矛盾？痛恨他既没有马上结束和女助理的关系，也没有与我离婚的打算；理解他正遭遇事业的重创，顾不上这段感情何去何从。他认为拖也是一个办法，拖着让时间去消化代谢。

我强压着内心的痛苦陪他料理公司后事，不吵不闹，留下的却都是内伤。公司欠工人的工费无力偿还，我是他的妻子，自然成了被围堵的对象。那段时间，我经常回不去家，被几十个工人围堵是家常便饭，现在想来还挺后怕。

我自问这辈子没做过亏心事，不知道自己做错了什么，老天要用这么残忍的方式教我长大。北漂住地下室就算苦吗？没钱吃饭就算苦吗？你试过每天被几十个工人，甚至还有催账公司围堵吗？戏码层出不穷。

为人妻，走入婚姻那刻就懂得一荣俱荣、一损俱损。大难来时各自飞不是我，为了所谓的大局，让我把被绿的事情放下也不是我。

其实雨不大，
只是风吹得人心凉。

尽人事听天命，我借了两百多万给他，希望帮公司转危为安。权衡利弊，谁都会，但感情就是感情。10年的情分，我的心指引着我要那么做，我无法扔下他全身而退。因为当年我妈患病住院的时候，他也没扔下我，给了我全力支持。做人是要将心比心的。

我做完自己认为该做的事，收拾行李搬了出来，分居生活正式开始。我知道熟悉我的朋友会为我心疼或打抱不平，站在我的角度上骂他忘恩负义或者说更难听的话。讲真的，我也觉得他挺混蛋的，他在离婚公证处时还说："要不咱们回去吧！"我知道他有很多不舍，我也可以趁机谈条件，把他与女助理的关系彻底摧毁，我有很多种方法捍卫我的婚姻，可我什么都没做。

我不是个无力还手的 Hello Kitty。内心的骄傲让我做不到爱一个人、爱一段婚姻比爱自尊还多。握不住的沙，我要扬了它，扬了才能平息心底的波涛汹涌，如千军万马奔腾的愤怒之火用彻底结束这段关系去熄灭。茉莉，是那种宁为玉碎、不为瓦全的人。

我有很长一段时间抬不起头来，很怕见光，我知道是自尊受了伤。无法回想故事里的三个主人公在同一个创业公司里，每天抬头不见低头见，我是如何不动声色地一个人熬过那么久。

公司里有同事比我更早知道他们的关系，我很有可能是全公司茶余饭后的谈资。女王的皇冠掉在地上，摔得稀碎，情绪还要调成静音模式。

这是我此生最大的耻辱，一根扎在心底最深处的刺，不拔出来死不瞑目，拔出来血流不止。

我曾在最美的年华，有N种选择的境况下，抛开所有世俗和利弊权衡，仅凭一颗心去选择的伴侣，竟狠心用他模糊不清的态度对准一颗干净无菌的心脏，他扣动扳机，我倒下，血流成河。

我看见一颗从小仰望的星星，坠落凡尘，幻化成“恨”，奋不顾身的天真，瞬间化成一路走来的伤痕。

勇敢是需要代价的，我失去的不仅仅是一段爱情和婚姻。仿佛在平坦的高速路上悠然自得地驾驶，前方突然出现了悬崖，本能驱使我踩了刹车，虽没坠入悬崖，却也让我失去原有的方向。前路是悬崖，回头路是如水草一样繁茂的记忆，10年的生活点滴。我被那些水草紧紧地缠绕，越想挣脱越不能自拔。

分开后，原以为最难熬的是生活习惯的改变。一个人吃饭、睡觉，再也没有人为我的生活托底。婚姻里被过度保护的我，甚至不知道家里的水费和电费号。时至今日，我都很感谢被他保护的日子，这也注定了无论他后来带给我怎样的伤害，我都没办法去恨他。

我想学习“恨”这件事，让自己痛快点儿，无奈学得四不像，索性放弃了。

如果一个人给过你真切的爱，后来不爱了，要怎么去恨？我始终都学不会。被爱的感受深埋在心底，经过岁月洗礼，早已生根发芽，浑然不觉长成了参天大树。数不清有多少个夜里，那些狂风暴雨试图摧毁这棵大树，我眼里明明流着泪，心却在为它撑着伞。

感情里没有对错，所以我不想痛哭，也不想装酷。我不在乎那些痛苦，只在乎真心付出，全程记录我的真情流露。爱过，也被爱过，美丽也残酷。

我不希望时间腐朽了初衷，想把最初的感动巨细无遗地保留在心中。曾同游人生10年的缘分，既然往事闪亮，我要选择按下快门，定格我们最满足的表情，再看着璀璨归零，用我湿润的眼睛，为那些美好光景致敬。

我爱Z先生，倾尽所有，10年光阴蹉跎，我会一直记得他，记得他去沈阳广播电视台门口等我下班的夜晚，我隔他5米开外就会喊：“准备好，我来了！”然后跳到他的身上，他背我走那段很黑的夜路。我曾写在节目里的画面，就是我的真实写照。

我爱过Z先生，所以，我要：将昨日事，归欢喜处

我被生活里的一地鸡毛驯化，生出坚强的外壳，可我不崇尚坚强。坚强的外壳是为了守护内心的柔软而存在的，不是为了练就铁石心肠。比起坚硬，我更偏爱柔软的事物，床、枕头、被子、毛巾、贴身衣物、鞋子，等等。带给我正向感受的事物大多是柔软的，柔软输出的养分滋润我骨子里的坚强。

我是一个不太喜欢诉苦的人，默认苦是生命体验的一部分。情绪郁结时，最想找一位叫“树”的朋友聊聊。树先生见证并参与了我青春里的大部分成长，是我非常重要的朋友。原谅我无法和一个交情尚浅的朋友分享心事，不单是缺乏信任，更重要的是我没有耐心用大篇幅的旁白交代背景及人物关系。

清楚一个人 10 年轨迹的朋友不多，我想你也一样。微信里的人与你想倾诉的朋友之间隔着很高的门槛。这门槛有对你的认知，对你所处环境的熟知，对你痛点的感知，这不是一起吃几顿饭、逛几趟街的人就能建立起的深层连接。

前段时间我打电话给树先生，说：“我昨晚做了一个梦，又梦见了那个人……”

他用不咸不淡的语气说：“这事情都过去这么久了，你还不能释怀吗……”难过倾诉错了人，就成了矫情。快乐分享错了人，就成了显摆。

究竟过去了多久？这几年时间与我和一个人相爱、步入婚姻到家庭破碎的 10 年相比，究竟哪一个更长？

那些笑与泪打成平手的回忆，我要如何从身体里拿掉？我们的 10 年承载了爱情、亲情与友情。有异乡人在北京打拼的创业史，有一个姑娘陪一个男孩追寻梦想的赤诚，有 3650 个一去不复返的日子，连同我大半的青春，一瞬间灰飞烟灭。

这个世界上没有完全的感同身受，尽管有不一样的血肉之躯，可面对痛苦与快乐时，我们平起平坐。你可能一不小心成了我故事里的主人公，我也可能成为你故事里的续集。时空交错，我们总会在别人身上看到自己曾犯过的错，又怎么忍心责怪。

如果有一天，我们能将这些经历全数体会，再加上时间的滋养，破壳溢出柔软，将对他人的善意、理解、包容，内化成自身的品格和修养，就不枉我们遭遇的劫数。

有人说，遍体鳞伤会让人变得麻木。可路过人间，我们难免踩到污垢，踩了就停下来，找个有水的地方清洗干净，再往前走。我们不能带着那些污垢越走越远，看着自己似是而非的脸，最后忘却自己原有的清白脸庞。

尊重所有声音，
但只成为自己。

一个人随波逐流久了，会把自己遗忘在风里，飘啊，飘啊，找不到方向。看别人结婚，她马上得找个对象；看别人生孩子，她马上备孕。看似决定是自己做的，实际上哪个重要的抉择都被裹挟，最后在婚姻里丢失了自我。

结婚那几年，我一直没要孩子，最重要的原因是想不明白为什么要孩子。用孩子使我的生命完整吗？我讨厌这个自私的说法。很多夫妻感情不睦，每天抱怨为了孩子丢失了自我。孩子不是一个人过不好自己人生的借口，因为没人问过孩子愿意降生到哪个家庭，孩子最无辜，他没得选。

我庆幸自己没有孩子，还有机会再次开启全新生活，没亏欠孩子，也能善待自己。如果有一天，我能想明白为什么要孩子，我也不会抗拒。我非常喜欢孩子，可喜欢和自己生不是一回事。喜欢一件衣服，买回来穿腻了，压箱底就行；喜欢一个孩子，生了又觉得他是负担，怎么办呢？

“你有没有后悔过生了孩子？”这个话题的讨论度居高不下，翻看评论大部分人都喊着后悔。我想并不是眼前可爱的孩子让她们后悔，而是有了孩子，自己的生活状态天翻地覆后所带来的混乱、忙碌、焦虑，让她们后悔生了孩子。家庭结构一旦改变，个人的心理建设和人生规划都要随着家庭调整。

我从小就理解单亲妈妈的艰辛，所以尽力做一个乖巧的女儿，不给妈妈添麻烦，感恩她把我抚养长大。可没人听到，我的心里还有另一种声音：我不想这么懂事；我想被欺负的时候就哭，爸爸妈妈马上出现在我面前；我想生活里遇见烂摊子的时候，爸爸妈妈陪着我去解决，他们会告诉我别怕，有爸爸妈妈在。

我们想要很多很多的爱，如果没有，那就给我们很多很多的钱，至少钱能解决掉人生大部分烦恼。可后来我发现，一个人内心的丰盈，只有钱不行，缺少钱也不行。只要钱，容易被物化的欲望驱使，心还是空荡荡的，而且物欲带来的快感会逐年递减。反之缺少钱，人的日子会过得紧绷，整个人很难松弛下来。

人只有松弛了，才能恢复弹性，舒展地做自己，徜徉人生起落。

不管你是单身，还是已婚，抑或为人父母，都不要忘记做自己。可是如何做自己呢？我有一些个人体会——做自己的前提是你要先了解自己，静下心和自己对话。你想要什么样的生活？你的能力与你想要的生活是否匹配？然后根据自身能力调整自己的预期，找到适合自己的活法。

别人的东西再好，终究不是你的，看看羡慕下就过了，努力寻找到属于你的幸福更重要。幸福没有标准定义，人的活法也没有统一范本，所以说不上对错。

以我家表妹为例，她就想过相夫教子的日子，每天围着孩子快乐旋转。她觉得这辈子最重要的角色就是妈妈，为了孩子和家庭，甘愿放弃一切工作中的晋升空间。她和我说起自己孩子时眼里是闪着光的，她真的觉得幸福，我也为她开心。

再说我，家人耳提面命好心与我说："年纪不小了，要孩子得抓紧了。"我却仍然一副死猪不怕开水烫的样子，享受着潇洒自在的生活。

不是听不进去家人的话，而是我与他们的生活环境不同。我要照顾好妈妈，除了工作之余分出的精力，如果再遭遇生活变故，我是否有独自抚养一个孩子长大的能力？至少不希望我的孩子如我一样长大，不希望我的孩子是为了给我养老送终而来到这个世界。

如果有一天，我还能遇见一个相爱的人，双方都有组建家庭的意愿，也明白孩子对我们的意义，我非常愿意生一个可爱的宝宝。将我读过的书、听过的音乐、看过的美景与他分享，陪伴他慢慢长大。

将这段过往写出来，有一个很重要的原因是我知道一部分"耳朵"也遭遇了离婚的劫数，还有一部分"耳朵"在要不要结婚的门口盘旋。我想说，任何人生境遇下，都不影响你做自己，跟随你的心。结婚还是单身，都不是人生的必选项，也不是到时间要交卷的考试题，想不通就交给时间，想通了就去做，按自己的意愿过一生。

离婚对于我来说并不是好事，却也因祸得福，让我深入了解自己的内心，认真规划未来生活。人生没有白走的路，每一步都算数。如果没经历这一遭，我一定不是现在的我，也没有机会遇见你，更没有途径感受到这么多的爱。

曾经以为再也不会有人像他一样爱我，是我大错特错了。老天从我的生活里拿走了他，就像关上了一扇窗，却为我打开了一扇门，走出去，看到了你，千千万万个你。

你每天问候我早安、晚安，365 天不间断；
你记得我每年的生日，连爸爸都不记得的我的生日；
你给我的红包雨，是我见过最美的“雨天”；
你送我的厨具，我和妈妈每天都用，认真吃好一餐一饭；
你写给我的信件，我时常温故而知新；
无论何时，你都会对我说：“茉莉别怕，你还有我们……”

我何德何能可以配得上这么多爱？我常想，我是不是天使遗落在人间的宠儿，这些关照像是一朵朵满天星，细细碎碎开了一地。月亮消失了，但你们的光芒未减，每一次闪耀都足够稀释人生里遭遇的寒冷、足以照亮我的生命，为我驱走黑暗，指引我走出迷宫，找到人生的出口。那些光芒让我无惧过去，无畏将来，笃定做我喜欢的自己。

且停且忘且随风，
且行且看且从容。

茉莉的人生剧本，不是父母的续集，不是子女的前传，更不是朋友的番外篇。就像尼采说的，对待生命，我们不妨大胆一点，因为好歹也要失去它。生命中最重要的阶段不是没人懂你，而是你不懂自己。

先懂自己，再爱自己。你不懂自己，就没办法爱自己。你要学会爱自己，因为你如何爱自己就是在教别人怎么爱你。只有爱，会让我们变得更好。

我不知道自己算不算有故事的人，如果这些算故事，我就有了故事。我有故事，你有酒吗？碰一杯，干！

我不胜酒量，偏要与你不醉不归，再递一支麦克风给你，陪我唱《突然的自我》。

“把开怀填进我的心扉，伤心也是带着微笑的眼泪……时光一过不再有……”

如果仅有此生，又何用待从头？

3

高山雪莲

坚韧

纯洁

给人们带来希望

深知生而破碎　才用活着缝补

我和远在美国的李蕙通电话，隔了12小时的时差。她的清晨是我的夜晚，她忙着送孩子上学，我在沙发上"葛优躺"，缓解工作一天的疲惫。我对她说："先把孩子送到学校，我们稍后聊。"

李蕙是我在荔枝直播时"捞"上来的朋友，音乐老师和音乐电台主播聊得投机顺理成章。每天直播的《音乐早班车》是清晨的第一束光，跨越时差和距离，陪远在天边的人洗漱、化妆、吃早餐和走在上班的路上。

直播间有个约定俗成的规矩，进来必须打卡，告诉我坐标和当天天气。每个清晨，《音乐早班车》的直播互动屏幕都是一道亮丽的风景线，显示来自世界各地的天气预报。

清晨六点半：我在北京，天气晴。

村长大人忙忙忙：我在东京，天气晴。

K米团子：我在纽约，和女儿一起听你的节目，今晚的月色很美。

人在野：我在首尔，去上课的路上，今天阴天。

无限深方势垒：我在堪培拉，去上课的公交车上，天气不错。

新月藏阁：我在云南，清晨开始下雨。

抹茶：我在伦敦……

黑格子：我在柏林……

好甜儿：我在兰州……

闪烁：我在常州……

良人：我在营口……

这个世界真有趣，一群素未谋面的人会每天如约守候，听我问句早安，放几首小曲，聊聊音乐背后的故事。我独自泛舟于茫茫海上，目睹片刻欢愉，将海市蜃楼锁进绵长的回忆。

李蕙有个漂亮的女儿，中美混血。小姑娘在美国出生，没来过中国，不会说中文。李蕙带女儿听我的电台，感受中文语境。我的节目大部分时间都是放歌，就算听不懂中文也不会让 6 岁的小朋友觉得无聊。小姑娘最喜欢听朱主爱的《好想你》，每次旋律响起，她都在那边手舞足蹈。

语言的国界，被音乐轻松跨越。

小姑娘的中文名叫李蒽熙。她 7 岁生日那天，我们一大群人隔空为她庆祝，垒哥当我们的中文翻译。大家在直播间连线，一起为李蒽熙唱生日歌，我慌乱中只听懂了她那句："I love you ,Cici!"哈哈。

我学的英文早已经就饭吃了。在澳洲珀斯生活的那段时间，每天拿着翻译软件和同学的外国老公对话，同学在一旁笑得前仰后合，说我们聊得驴唇不对马嘴。我终于意识到：我学了那么多年英语，只能在中国和中国人说。

李蕙送完孩子，回电话过来，我开门见山地说想写写她的故事。摘掉滤镜，还原一个命运多舛的广东女孩自强不息的成长史。

没有在深夜痛哭过的人，不足以谈人生，她的经历已令人记不清可以痛哭过多少遍，但她仍旧如那朵永不凋零的雪莲般，在海拔四五千米的高山上灿烂地盛开着。她的绽放不仅为爱情，更为自己的梦想、为女儿和对生活的热爱。她不断汲取阳光和养分，在自己的世界里释放光芒，熠熠生辉。

她的故事我是知道一些的，但七零八碎不够连贯，只能通过时间线梳理出脉络。她从出生开始讲起，我拿着笔记本边听边记，遇到不懂的就马上打断她。

李蕙是80后，出生在广东的普通家庭，父母都是工厂里的会计。三口之家挤在十几平的老房子里，狭窄的空间就连两张床都要绞尽脑汁思考如何摆放，更别说再放架钢琴了。

贫寒的家境下，买一架钢琴和长年累月的课时费轻而易举压弯了父母的腰，再也直不起来。培养孩子朝艺术方向发展，没有足够的经济基础支撑，只会越走越心酸。

妈妈总说没什么能够给她的，看到自家姐妹的孩子都学琴，咬牙也想给女儿提供一次和其他孩子平等接受教育的机会。音乐，也许能让女儿快乐一些。

李蕙从小体弱，一起玩的朋友不多，音乐是她最好的伙伴。孤独像个节拍，音符流淌在指尖，在黑白键里游走，与音乐聊天是老天对她的奖赏。

高二时，维也纳音乐学院来国内招生，她通过层层选拔，获得了全中国只招收两名钢琴演奏专业学生的名额。但由于家庭拮据和身体状况欠佳等多方面原因，她不得不放弃。如今聊起，依稀可以听出她言语间的遗憾。

高中毕业，她读了一所省内师范类高校。刚入学不久，父母又碰上了大时代的下岗潮，双双失业，这让本就不富裕的家庭更是雪上加霜。

大二时期，她突然月经不调，经期来了一个月不停。母亲带她到医院检查，发现她双侧卵巢严重病变，一侧是良性，另一侧为恶性，即便切除恶性的一侧，5 年后良性的一侧复发率极高。这对未婚女孩日后的生育影响甚大，换句话说，无法生育的可能性极高。

她在医院接受肿瘤化疗，又不幸发现肺部有阴影。无奈面对命运的捉弄，她只能办理休学在家养病。

经过大半年的调养，大学老师给母亲打来电话，劝说务必让孩子坚持完成学业，至少有张文凭，日后也多条出路。

她接受老师的好意，病病歪歪完成了大学学业。疾病给她的身心带来巨大痛苦，未来于她而言一片渺茫。太过遥远的事情，她从不敢想，唯独能做的就是把握当下。

出国深造一直是她的梦想，既然错过了维也纳，她不想再与乌克兰失之交臂。她深知人生的短暂与无常，没时间纠结。父母看到女儿经历生活的无情摧残，借钱也要帮孩子完成梦想。

她自己联络了乌克兰音乐学院的系主任，如愿上了预科班。那期间，她只能靠朋友接济过日子，厚着脸皮蹭同学的餐食，走很远的路买最便宜的食材，捡菜度日也是常有的事，但她都没有想过放弃。

眼看预科班就要顺利毕业，即将如愿进入梦寐以求的学府，意外又不期而至。妈妈突然打来电话说："你爸爸的耳朵听不见了……"

不幸的事听多了，但像她这么不幸，坏事一件接一件的也是很少见。李蕙忍住万般不舍，放弃学业，迅速回国。她一边照顾父亲，一边在培训机构任教，挣钱养家，给父亲治病。

据她自述，20 年前，她在广州同时带 40 名学生，每月收入一万五，那一年她仅 22 岁，但即便如此，命运也没有眷顾她。

不久后她自己的癌症复发，进行了二次手术。好在丰厚的收入足以支撑家里的正常开销，她不再像以往那样狼狈不堪。

手术结束后，妈妈希望她像普通女孩一样，结婚组建家庭。李蕙明白，依照当时的社会环境想完成妈妈的心愿几乎没有可能，于是她将希望寄托在了国外，她家在美国尚有亲属，加上受不了母亲的催促，李蕙便负气地坐上了飞往异国的飞机。

其实李蕙有个高中时期开始交往的男友，后来移民去了英国。这段爱情令她刻骨铭心，他们分分合合很多次，男生本该是她的良配，可李蕙一想到跟男友去英国要放弃钢琴，陪男生的家人开餐馆，她便心有不甘。

匈牙利诗人裴多菲曾说过：生命诚可贵，爱情价更高，若为自由故，两者皆可抛。弹琴，是李蕙世界里的自由。爱她，得给她这种自由。

李蕙没有美国梦，仅仅想嫁个人、成个家。

她的美国丈夫并不富裕，却实打实给了她一个家，知道她不会放弃音乐，还攒钱给她买了一架钢琴当聘礼。别误会，这钢琴不是俘获少女芳心的礼物，而是她自力更生的生活工具。

他娶她前就问过："你在美国能做什么？"
她回答："我可以教钢琴。"

可贵之处是李蕙把这架钢琴理解为懂得，让这段婚姻有了良好的开端。

她知道自己很难受孕，不必想很久以后的事，享受当下就好。

这一刻李蕙真正为自己而活了，这朵雪莲，在最温暖的阳光和最寒冷的霜雪里，与苍穹蓝天为伴，得大自然最真诚的眷顾。结婚不久竟有了身孕，被幸福砸得晕头转向，她难以置信。丈夫捧着她的脸真诚地说："我们要这个孩子，我走了还有他陪着你。"

这个孩子像中奖的彩券，回馈她的命运多舛，让她在异国他乡和飘摇的人间落地生根，埋下希望。

这个孩子的名字叫李蒽熙。

这两年我中断了直播，和李蕙的联络不多，偶尔在朋友圈看到她发女儿的照片，总会点个赞。我看着渐渐长大的小女孩，她打冰球的样子超帅，美得有种力量和速度感，活灵活现。

我问李蕙："这两年过得辛苦吧？"

她"嗯"了一声，云淡风轻。

不幸的事情再次发生，丈夫一年前因病去世，剩下她和女儿相依为命。

丈夫病重期间，她一边照顾女儿，一边扛起家庭的责任，但凡能为丈夫亲力亲为的事情，她绝不假手于人。她想让女儿看见中国文化里“结发为夫妻，恩爱两不疑。生当复来归，死当长相思”的意义。

她的婚姻不似童话，却现实得有情有义。我们甜剧里泡出的爱情齁得慌，结局处潦草，只剩句：一别两宽，各自安好。然后，拉黑或删除。让人唏嘘不已。

李蕙半年前又患病，最近突然开始面瘫，正在接受治疗。真是应了朋友们对她打趣的话：“你竟然还活着……”

是啊，她还活着。人生的寒冬时刻已经过去，生活的雨打风吹也已经停歇，她这朵高山雪莲怎能在即将要怒放的时刻消逝？

她也必须活着，还得好好地活。女儿是她肩上的责任，更是她与这世界最亲密的连接。她要陪着她长大，教她弹琴、学中文、看有趣的世界。

她的琴声里不仅飘着音符，还有印在瞳孔上的各种滤镜，凝视这世间的各种色彩和色调。时而明亮，时而灰暗。一如我们的人生，像一曲交响乐，时而高亢激昂，时而低沉幽怨。

九曲十八弯，是生活最真实的模样。

这世上有一种生活态度，那就是在看清生活的本质之后依然热爱生活。那么看清了生活的本质，你还有眷恋吗？

你眷恋的画面里出现了什么？

希望这个问题和你心底的答案能帮你找回遗失的方向感，让你明白为什么而活，为谁辛苦为谁甜。

愿李蕙女士平安顺遂，余生喜乐无忧。

丈夫过世后，
李蕙独自扶养女儿。
照片里的小姑娘，
是她的软肋，
是她的盔甲，
是她最甜蜜的负担。

守一面镜湖，
静一世虚妄，
看一生美丽。

红蔷薇

热恋之中

优雅高贵

自强不息

从录音室出来喝水，静音的手机屏幕在闪，显示“蜜桃阔”的名字。我刚接起电话，就听到那边传来沮丧的声音：“我刚从民政局出来，离了。”

蜜桃阔是颜值才华双在线的广播人，某省广播电视台的当家花旦，从新闻播报到搞笑娱乐无所不能。据说，她是青少年梦中的“蜜桃阔”，中老年眼中的“小辣椒”，陪伴交通参与者下班路上的新闻女主播。

于我而言，她是同窗，像复古铁盒里盛满的松软棉花糖，一不小心被生活二次加工，混合黄油、乳粉、花生碎，在高温熔化后硬生生被摁成了牛轧糖。

她的传奇人生堪比电影剧本，且听我细细说来。

某歌星演唱会长春站现场，她正和搭档对当晚的主持词，迎面走来一对男女，男的是她先生，女的是她闺蜜兼同事。

那晚是她人生的高光时刻，第一次担任万人规模的体育场外场主持。冰凉的手心出卖了她的紧张，鞋跟一滑险些崴脚，她先生见状远远跑过来，被她狠狠地甩开，她忍住心底的五味杂陈朝搭档走去。

搭档是除了她之外，唯一知道现场发生了什么的人，拍拍她的肩膀，拼命为她打气：“她是故意带他来打击你的，目的是影响你的情绪，看你在台上出丑，你千万不能分心，集中精力……”

蜜桃阔说，
并不是所有的女孩，
都是由糖果、香料和美好做成的。

有些女孩，
生来代表着冒险和无畏。
敢爱敢恨，
快意人生。

就在演唱会前两个月，她无意中发现先生和闺蜜暗度陈仓，生出了离婚的念头。若是普通出轨，也许还能原谅或看看再说，但出轨的对象太特殊，是闺蜜、同事、同调频的女主播，远远超出她的接受范围。

两个人在演唱会后台出双入对、若无其事的样子令人发指，她不明白人为什么能突然坏到如此地步。人心跟太阳一样不能直视，伤眼更伤心。她和先生是真心爱过的，否则不会刚毕业便走进婚姻。她想不通他们之间究竟有什么深仇大恨，非要在今天上演这出戏码。

蜜桃阔深呼吸调整了情绪，她知道这场主持不能有一点闪失，集中精力继续和搭档对稿。上天格外眷顾善良的人，那晚她的主持表现无懈可击。

如果现实比小说残忍，这还只是个序章。

她迅速结束了第一段婚姻，和那对男女划清界限。

蜜桃阔长得挺像刘若英，是当地的名人。有一次去长春，我们在出租车上聊天，没特别避讳，司机听出是蜜桃阔本尊，说啥都不要车费。职业的光环，经常让我们邂逅如此的幸福时刻，我们也会追着司机付钱，媒体人更容易感知基层百姓的苦。

26 岁的蜜桃阔，就算有过短暂的婚史依然闪着光。她心地善良、年轻貌美、工作能力强，瑕不掩瑜的人生似乎刚刚开始。

拜第一段婚姻所赐，有很长一段时间，她无法与陌生男性建立情感里的信任。就在此时，她两小无猜的初恋男友“骑着白马”出现。他说不介意她的过去，信誓旦旦地为她披上白纱，许下了执子之手、与子偕老的诺言。

如果这是故事的结尾该多好，那样我就不会一次又一次接到她深夜崩溃的电话。她在电话那一端哭得声嘶力竭，说：“童话里都是骗人的，从来都没有王子。”而我在电话这端心疼得抽泣，说不出宽慰的话，好想隔空抱抱她。

她像灰姑娘终于等来了王子，一头扎进第二段婚姻，迅速生了第一个儿子。

她的第二任先生，我在学生时代就见过。一看就是心地善良的男生，家境优渥，长得干净帅气，话很少。他们的婚礼上，我们曾为蜜桃阔的归宿感到欣慰。

每对夫妻都有过现世安稳的岁月静好，却不足以证明情比金坚。遭遇狂风暴雨后，人性的善恶美丑显现得更为真实，患难见真情这话不虚。

原本平静的生活，被她的意外怀孕打破。她和先生结婚几年，生活也算得上体面，主要经济来源靠公婆帮衬。她先生不是会挣钱的人，从小在父母的呵护下长大，从未思考过如何靠自己的能力撑起一个家，她自己也没有清晰的家庭规划。

这些缘由让她隐隐感到不安，想放弃第二胎。先生和公婆了解她的担忧，针对性做了思想工作。先生说，出于对未来生活的考虑想做点生意；公婆说，家里还有些压箱底的钱，帮他们拉扯个孩子不是什么难事。

本就爱情和家庭至上的她，一听有先生和公婆为他们生二胎的经济压力托底，彻底打消了疑虑，安心养胎，准备待产。

有一天，她孕检回来迫不及待给我打电话："我怀的好像是双胞胎，多亏当时留下了，也不知走了什么运！"我问她家里是否有双胞胎的前例，她说没有。这幸运堪比中彩券，如今我们却参悟出：幸福来了是一回事，自己是否有能力接住又是一回事，两个条件同时具备，方才有机会接近圆满。

双胞胎如约而至，俩儿子，她的微信签名一夜间改成：婆婆花都得戴三次。同学聚会上，她总是我们羡慕的对象，事业家庭双丰收，人生大赢家。

那时，我们并不懂得：月盈则亏，水满则溢。凡事到了顶点，往后都是坠落。

她先生的投资连续失败，公婆的家底也几乎被抽空，就连她和娘家亲属筹来的借款也是有去无回，最致命的是还有高利贷催债公司列队等着他。蜜桃阔的征信良好，贷款审核很容易通过，当初有部分贷款记在她名下，这为她后来的噩梦埋下了伏笔。

贫贱夫妻百事哀，这是千古不变的真理。经济拮据轻而易举就能将一个人的脊背压弯，她四处借钱填利息的窟窿，直到无钱可借。放高利贷的人一次次找上家门，还去她的单位闹，一夜间路人皆知，女神被拖下神坛。

她和先生都是要脸人，哪经得起这种折腾。她说，人被逼到某种境地，真的要不起脸了，我深以为然。

她和家人商量后，变卖了名下所有房产，堵上了一大半缺口，带着三个孩子租了个小房子先安顿下来。原想夫妻俩商量下后面的还款事宜，谁知先生竟无力承受生活重压，扔下她和三个儿子一走了之，躲到了其他城市。

故事的开始很美好，结局却令人唏嘘不已。生活一地鸡毛，被东北的大风呼呼地刮着。风停了，鸡毛连同灰尘一起落定，变成了黑压压一片。有时，人想做根干净的鸡毛都由不得自己。

蜜桃阔是在父母的宠爱下长大的，求学、工作、结婚，一路顺风顺水。第一段婚姻失败的杀伤力有限，她憋足劲儿力挽狂澜；可这一次，任凭谁也无法轻易陪三个孩子的妈妈逃离痛苦的漩涡。

她说：“茉莉，虽然我们的经历有重叠的地方，但是你比我幸运。我往后的日子一眼望到头了，你不一样，你可以重新开始，还有希望。”这话字字扎心，我却无力反驳，想哄她都不忍。

有段时间，我特别担心她哪天想不开结束自己的生命。换成我，我也想不开。想不清楚自己究竟做错了什么，要经历两次婚姻的失败，把日子过得稀碎。我们究竟差在哪里，谁能给我们答案?

听说一个女人婚姻幸福与否，美貌和才华占比最多，它们像丘比特最锋利的箭，直直射中爱人的靶心。可经历了这么多，我们发现这个理解有偏差。实际是：美貌和才华只是一个乘号后面的系数，这系数后面还有很多维度，包括阅历、智慧、性格、勤奋、自控力、学习力、教育程度等，这些统统加在一起，才是一个女人在这个世界上拿到的真正分数。

你拿到的分数越高，拥有美好人生的概率就越大。衡量美好人生的标准因人而异，在我和蜜桃阔心里，家庭和工作一定是两个不可或缺的大项。

下雨天，
有人在等雨伞，
有人在等雨停。

我和她都属于偏科选手，外在的美貌和内在的才华不足以掌控内心的局促，总想着被宠爱、被保护，仿佛幸福都是天经地义的。

我们把自己当反面教材，就是想叫醒一些姑娘，别犯自我感觉良好的病。那么多优秀女性纷纷在婚姻里受挫，你凭什么维护自己周全呢？

蜜桃阔和我都为自己的过去道歉。我们年少浅薄、任性无理、虚荣贪婪，深信自己是某人的世界正中。我们都拥有过超越自己能承载的幸福的经历，连故事结局都没有留下，就与我们的青春一起，灰飞烟灭。

她后来说，先生不堪重负扔下她和孩子的时候，恨不得是缘于先生出轨。出轨不会让她感到绝望，先生一走了之的行为却应验了那句：夫妻本是同林鸟，大难临头各自飞。她万念俱灰，要用一生的时间驱散被抛弃的阴影。

很多女性在婚姻里的隐忍不为人知。我们选择讲出来，付诸行动，恰恰说明我们勇敢，也是我们灵魂深处的骄傲，作为一个独立的人而骄傲。可骄傲的代价，未必谁都能付得起。

不独立的人，也未必不会幸福，只是比起独立的人，最终获得幸福的概率会小很多。不独立，你很难毫无顾忌地挺直腰杆，让自己始终有尊严。

一个无法独立解决生存问题的人，讲尊严是空谈。

婚姻里，你享受了对方的庇护和供养，就很难再要求平等，与平等匹配的是精神与行动的自立。

我的女性朋友们，你们想要哪种婚姻状态，自己选！无所谓好坏，每个人境遇不同，但是记得千万别在两种状态里走来走去，婚姻经不起来来回回的折腾。

我问蜜桃阔："你经历了这么多，想用自己的故事告诉大家什么？"

她调侃道："你粉丝哪天遇见啥糟心的事儿，就想想我呗，三个孩子的妈还努力坚持着，她们怕什么。"听她这么说，我终于放下揪着的心，最难挨的日子她终于挺过来了，我再也不用担心她紧绷的神经在某刻突然断掉。

我欣赏蜜桃阔相信爱情的样子，像夏日迎风摇曳的红蔷薇，在嫩绿的叶片中探出一朵朵胭脂红，半娇半嗔地嘟起嘴，期待着一个懂她的人。她曾自嘲看男人的眼光不好，我却觉得人心是会变的。我们不能奢望谁不变，倒是可以在长期经营的亲密关系上花花心思，如何在变中求不变。

藏好软弱，这世间大雨滂沱。

多刺的荆棘往往长出最柔嫩的蔷薇，最柔嫩的蔷薇一直种在心底，需要强大的内心和智慧去守护。在疼痛中浸泡久了，不应该是麻木，应该是自知后的客观冷静，咬紧牙关将生活给的耻辱都还回去。

终有一日，蔷薇也会开出绚丽多彩的花朵，在孤独的沙漠里，盛放得赤裸裸。也许老了，还能教三个儿媳如何调教她们的先生，也就是她的儿子。戴三次婆婆花的女性，总得有点儿别人没有的看家本领，有股别人没有的狠劲儿。

美女多是狠角色，长得好看不如活得漂亮。

狠狠爱，也敢头也不回地离开。

漂亮的人生，需要姑娘们脚踏实地一步步走出来，靠实实在在的东西去支撑。

如果总是遇人不淑，一定是我们还欠缺些什么，找出原因，把短板补齐。

任何时候，我都希望你做个敢相信爱情的姑娘。只有相信了，你才可能遇到。不论遇到谁，也都请你和他坦然相处。

和生活潇洒地碰杯，说：“我干了，你随意。”

和遇见的人说：“你高兴，我随意！”

一路荆棘，一路春光，绽放在你眼前。

红蔷薇，用伤口流出的血，灌溉出鲜红的色彩，只为见你一面，体会什么叫爱情。

姑娘不是一朵随便的花。请别再辜负她，好吗？

你要让后来的幸福配得上从前吃过的苦。

困住我的从不是你，而是我们的曾经。

5

木棉花

英雄

珍惜身边的人和事

斯人若彩虹　遇上方知有

医院的手术楼层总有乌泱泱的人群，家属们紧紧盯着门口的显示屏。漫长的手术过程中，这块显示屏无疑是医院对家属最贴心的关照，用简短的文字传递手术进展情况，让等在外面的家属多一丝安心。

显示屏对面的等候区座无虚席，两位阿姨正窃窃私语，丝毫没有注意到旁边的男子正起身要离开座位。走廊的冷气开得特别大，吹得人冷飕飕的。

“请申翠兰的家属到手术协谈室来一趟！”广播里喊我妈的名字，患者家属就是我。

协谈室是为了医生向患者家属交代病情和文件签署而设置的地方。

我大脑一片混乱，四肢绵软，硬着头皮往里走。一位穿着墨绿色手术服、大褂上沾了成片血迹的医生向我挥手示意，他摘下口罩对着我说：“你看下，这是手术切掉的肿物，脖颈处的淋巴结处理得很干净。已经在缝合中，麻药过了就能推出来。”

同我说话的医生叫李凯，我习惯唤他“哥”。他是我时刻挂念，嘴上却不会随意提起的人；他是我最想与人分享，又不得不抑制分享欲，私藏在抽屉里的朋友。

初见，我唤“李医生”；
而后，我喊“李凯哥”；
如今，我直接叫“哥”！
称谓的递进，犹如亲兄妹。
父母半生恩，兄妹一世情。

他是别人眼里的教授、主任医师、博士生导师、某三甲医院肠胃肿瘤外科副主任……摊开他的履历，能打出几页 A4 纸。放眼一个人 19 年的职业生涯，近 7000 个昼夜耕耘不辍，刚好相得益彰。

他会照顾、理解、包容身边的每个人，唯独对自己苛刻。刷两个小时短视频会自责，极度自律得令人心疼，像个陀螺旋转在病房、手术台、教室、实验室、办公室。我会担心他像紧绷的橡皮筋突然断掉，或失去人该有的弹性。

你们经常问我："崇拜的人是谁？"就是他。

我崇拜的人身上有生命的美感，生动而具体，双脚紧紧踩在泥土里，却从不忘仰望星空。他可能前一秒还情绪低落地坐在路边，看车来车往，后一秒就站起来拍拍身上的灰尘，振作疲惫的精神，继续上路了。

第一次见凯哥，我还是跟在表哥身后的小女孩，只记得表哥形容他是学霸、医学奇才。

我眼里的他早生华发、略微含胸、面容疲惫、身材微胖。初次见面，他便给人一种和蔼可亲之感，语调平和间透着学者的内敛与儒雅。

向我坦言妈妈仅剩两年寿命的“坏家伙”是他；陪我们一路治疗，创造生命奇迹的人也是他。他在“坏蛋”与恩人的角色里，被我自由切换。

很多人责怪医生，对自己和亲人看病的过程过于冷漠。我想这是他们的职业习惯，“超理性”是医生的自我心理防御，是他们保护自己的方式。如果他们在工作中过分投入感情，那么每天都要经历常人一辈子才有几回的悲伤。

每天连续几台手术，如果上一个患者在手术台上一命呜呼，医生如家属般沉浸在悲伤中无法自拔，后面的手术根本无法保证顺利进行。在我们看来厚重的生命，医生反而要轻飘飘地看；在我们眼里珍视的亲人，在医生看来不过是一个普通的个体。

我问过凯哥关于时间的分配，听完瞠目结舌。临床、教学、科研、行政四部分内容占据他百分之九十的时间，剩下的百分之十留给父母、妻女和自己，常年睡眠时间为5—6小时。

当我们感叹医生高薪、高社会地位、被人尊重的同时，看看他们的时间分配，你还羡慕吗？至少我不羡慕，只有敬佩。我以前一直不太理解为何大部分医生的爱人都是同行，现在明白了，唯有同行能理解彼此，相互包容。

一个人的时间和精力放在哪里，就会在哪里开花结果。每一个风雨兼程的医者，都在用他们朴实无华的品质和水滴石穿的精神，谱写着自己职业生涯的乐章。凯哥也说，还有很多科研等着他们去探索，人类离攻克癌症的目标越来越近，不能松懈。时间对于人的意义，在他身上体现得淋漓尽致。

我问过他：你这么理性的人，有没有破防的瞬间？他讲了一个故事给我。

每个外科大夫对自己独立完成的第一台手术，印象尤为深刻。他刚刚学会做乳腺癌根治术不久，遇到一位中年女性患者。向患者做术前交代时，他坦言这台手术由他来主刀，瞬间感觉到患者的犹豫，他的内心更是忐忑。后来患者经过短暂的思想斗争，还是答应了，轻轻地说了句："相信你能做好。"

那天的手术很顺利，暖心的六字鼓励跟随他多年，那是患者与医生间最重要的信任。患者康复出院后，定期到门诊复诊，每次见到凯哥，她都会笑眯眯地说自己很好。

两年后，凯哥的女儿出生。患者从病友处得知这个消息，亲手给孩子织了顶可爱的小帽子送去病房。凯哥收下帽子，嘱咐她注意患侧上肢的休息。

紧接着，凯哥出国深造三年。刚回国上班的那个春节，就收到了一个特别的包裹，拆开一看，里面有几个五颜六色的帽子，大小不一，还夹着一封信。

信里说，她到病房找过他，知道他出国了。每逢春节，就估摸着小朋友头部的尺寸织个一两顶，然后再收起来，等着他回国寄给他。她在用这种方式告诉医生，她的胳膊可以干活了，恢复得非常好。

凯哥读着信上深深浅浅的字，抑制不住的暖流在心底涌动。患者的感激之情乘着帽子的翅膀，飞到他面前，在沉着冷静的上空盘旋，划出一抹天际的颜色，着陆在他心底。那一刻，我似乎看到一个少年满足的表情。

我妈也是凯哥的患者，隔三差五就问我关于少年的消息。我会告诉她：凯哥的二女儿出生了；凯哥带博士了；凯哥最近在减肥；凯哥科室要拍个纪录片……

2019 年夏天，第十四届全国胃癌学术会议在沈阳召开，到场的是来自全国几千名胃癌领域专家。据说这是国内医学界会议的天花板，我们受邀拍摄中国胃癌科室从创建到如今的历程回顾，负责会议开幕式单元的整体艺术效果。

会议筹备过程中，我走出患者的视角，变换角度观察医生群体。
我第一次离院士那么近，不仅看到了他们的平凡与伟大，
也看到了集体人格的显现——认真、勤奋、善良、坚毅。
医学的星空浩瀚无比，医术的探索永无止境。

这是我第一次在工作里与凯哥有交集。由于拍摄内容涉及全国多家医院，时间跨度长达50年，每一个地点的拍摄和史料采集需要专人协调，大量医学术语需要专人校对，众多采访需要预约受访者时间，每个环节都离不开医生的配合。

我深深理解医生的时间宝贵，生怕耽误他们日常工作，可眼看交片的时间一天天逼近，我变得越来越焦虑。大部分拍摄内容无法进行，只能硬着头皮去找凯哥，像是妹妹遇到了困难，赖着哥哥帮个忙。工作里，我是羞于求助的，好在是他，我没有任何负担。

他和同科室的同事徐岩医生一起陪我们梳理，亲自帮我们确认采访嘉宾的时间，并把事先整理的历史视频素材汇总给我们，保证我们的工作如期推进。

有一次，我们加班到半夜，又困又累。徐医生神奇地从包里变出了一袋亲亲虾条，我打开咯吱咯吱地嚼，边嚼边说："你们医生不是说吃膨化食品不好吗，怎么还随身携带？"

猝不及防的提问让徐医生愣了一下，随口说了句是女儿放进他包里的。哈哈，原来医生的女儿和医生都吃膨化食品。徐医生有些腼腆，工作起来却一丝不苟，下了三台手术还得来陪我们策划拍摄脚本。

我那时心里极其煎熬。让一名外科医生、留美博士陪我们创作，这是严重的资源浪费。他去救几个人比搞脚本有价值多了。可从工作的角度看，我又必须得死磕他不放，脚本出不来，我们谁都别想回家，我的工作也是以结果为导向的。

我很早就见过徐医生。舅舅和妈妈住院的时候，我找他沟通过一些小事，因为他的名字与我相同，都有一个“岩”字，所以记忆犹新。

“徐医生，做医生哪个瞬间最开心？”我开始发问，没有镜头，纯属朋友间的闲聊。

“被患者感谢的瞬间！”他答。

“什么感谢？礼物还是言语？”我职业性地追问。

“是那种看着你的眼神……”他丝毫没有犹豫地回答。

很多人觉得医生的薪水高，可当我们真的了解他们的职业周期，看到他们的努力与付出，你就会觉得，他们挣得也没那么多。

我发现身边拿高薪的朋友，没有一个不是兢兢业业把时间精力投入到工作上的。他们物欲普遍偏低，没时间享受生活，连吃顿饭电话都响个不停。对他们来说，能关机睡两天觉就是最大的放松。

和徐医生闲聊的时候，我突然摸到头顶有一颗车厘子大小的不明肿物，立刻大叫：“啊，我的脑袋上长了什么东西，徐医生，你快给我看看！”在我眼里，医生是万能的，不分科室。

徐医生停下手中整理脚本的动作，扒开我的头发按了按，问我疼吗，我说不疼。他问我发现多长时间了，我说就刚刚。他说从这个肿物的大小看，长了有段时间了，摸着像粉瘤，可以进一步检查下，观察一段时间，如果没有变化先不用处理。

第二天见到凯哥，我又让他帮我看一下，毕竟这个不明肿物长在头部。凯哥看过后也说是粉瘤的可能性最大，主张我切除了去做个病理。他担心我没事就想着头上顶个“大粉刺”的事情，基于对我性格的了解，给出了建议。

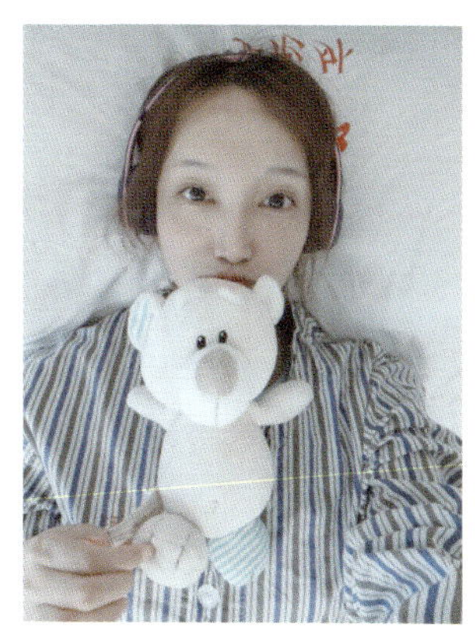

手术前夜，忐忑不安。

针对同一患者、同一科室、同一专业的两名专家给出的相同诊断、不同处置方式，我无法判断谁的解决方案更胜一筹，他们都是我的朋友。每个患者的诊疗方案都有利有弊，医生只能基于专业判断给出建议，最终如何治疗还得病人和家属结合实际情况自己来选。

选择适合患者的治疗方案，不是医生一个人的问题，特别是术后护理，没有病人和家属的积极配合，很难达到好的治疗效果。治愈病人不是医生一个人的事情，而是大家共同努力的结果，这些都是我在陪妈妈治疗的过程中体会到的……

凯哥说过，在治疗肿瘤的过程中，与患者结下的友谊像战友、像朋友、也像亲人，你中有我，我中有你。

那次全国胃癌学术会议上，第一次看见院士离我那么近，整个剧场都是国内乃至国际享誉盛名的胃癌研究专家。老中青三代，继往开来，用他们传承的精神挺起国家脊梁，把青春和热忱慷慨地奉献给抗癌事业，一步一个踏实的脚印，没有半点矫情和呻吟。

凯哥主持会议闭幕式时，我坐在很远的后排望着他，似乎明白了他的鸿鹄之志。或许多少年后，他会成为这个学术舞台上的焦点，在中国胃癌防治历程回顾里留下浓墨重彩的一笔。最好再做个院士，登顶俯瞰只来一次的人间。那时候我还要远远地望着他，为他喝彩，分享他的高光时刻。

我喜欢默默地当他的粉丝，在被需要的时候出现。去年，恰逢凯哥的导师退休，他和师兄妹们想送份特别的礼物。我们提议凯哥跨界成为作词人，好友关不倒作曲，另一位好友萧亮担任编曲及制作人，选出10名学生代表，进入录音棚录制单曲EP《师说》。后来，我们把《师说》注册版权，献给这群可爱的人。

医生在职业生涯里会收到很多礼物，每一份都承载着不同的情感。来自不同的人群，有家人、朋友、患者、学生，我们希望这是最特别的一份，偷偷私藏了一群文艺工作者对医护工作者的致敬之心。

我不会喝酒，却喝过两次白酒，恰巧都有凯哥和他导师在场。席上客尽是医生，我甚至分不出他们的职级，只想借着微醺的余光，定格几个人生的美好画面。

人生得意须尽欢。酒过三巡，我们把餐厅的包房当成了卡拉OK。用手机软件当伴奏，一首接一首地唱，断片前残存的记忆里，大家唱着Beyond的《海阔天空》。

“风雨里追赶，雾里分不清影踪，天空海阔你与我可会变？谁没在变。多少次迎着冷眼与嘲笑，从没有放弃过心中的理想。一刹那恍惚，若有所失的感觉，不知不觉已变淡……”

写到这里，我突然明白为什么会崇拜凯哥。可能我们都不擅长在酒桌上推杯换盏，随和的外表下都藏着孤傲的梦，略有清高的性格，都有一股冲劲儿。只是他的劲儿比我大，我仿佛是小溪遇见了大海，自然地被吸引。

当你看到比你优秀的人，比你还努力的时候，你就会变得谦逊。你看过世界之大，就会心生敬畏，然后默默地和自己较劲，从不在外因上纠结，只在内因里寻找优化自己的方法。

我真正的成长是从妈妈患病开始，与凯哥的友情连接也从那个点开启。他无疑是我这9年里最重要的朋友，我在失去的痛苦中获得，收获到这位挚友——我人生的灯塔。如果哪天我迷失了，希望借着他的光，能引我回家；若我一路顺遂，他也是我夜行时最美的风景。

我会想，灯塔会有电量不足的时候吗？坚强的外壳也有软弱的时刻吧！那时，我就当个万能充，为我的灯塔续航。与凯哥的家人、朋友、学生一起，守护这座明亮的灯塔，让他生出翅膀，自由翱翔，飞往比诗与歌更远的远方。

凯哥是我心中的木棉花，绽放在3月，树干高大笔直，一身傲然正气，吸取阳光。木棉花绯红、热烈，充满激情，碗口般大小，落地有声响，被誉为英雄花。但我不希望凯哥做英雄，英雄容易短命，我希望他长命百岁。

我们无法抵御浪潮，
但会永远记住灯塔。

我喜欢木棉花的低调，无须绿叶陪衬也开得悠然自得。想看最美的木棉，你必须要仰视，因为木棉的树干高耸入云。木棉不落花，你很难发现它的美。

我很想自豪地和朋友分享这朵木棉，邀请他到我的朋友圈坐坐，放松片刻。可转念一想，我又克制住了。他拥有医生的身份太抢眼，对所有人太有用了。

朋友在我心里，不是用的，是爱的。真爱一个朋友，你会比爱惜自己还爱惜对方的羽毛，生怕自己不经意的一个动作伤到对方。我不是说朋友不能用，但若一个人结交你，只聚焦在有用，难免觉得低级、无趣，和这样的人交往，是对生命的消耗。

但凡有人请我帮忙，涉及凯哥，都是性命攸关的大事。我是个不懂拒绝的人，凯哥也是。如果我是一名医生，我会毫不犹豫地帮忙，可我不是。每次向凯哥求助，都意味着我要占用他宝贵的时间。朋友们若有其他途径，请不妨先自己试试。我能力有限，不忍让凯哥一直为我的面子埋单。

也许很多年以后，凯哥的梦想一一实现，站在人类攻克癌症的学术塔尖，接受属于他的嘉奖，为他期待的理想人生赋予意义。我捧着一束鲜花，在远处的人群中望着他，待人群散尽，我要跳到他面前，说：“哥，恭喜你梦想成真！”

哥，愿你一生热爱不遗憾。历尽千帆，归来仍是少年。

哥，谢谢你陪伴我长大。

哥，健康顺遂，我们山顶见。

向海风许愿，在山顶相见。

木棉花绽放在 3 月，树干高大笔直，一身傲然正气。
木棉花的低调，无须绿叶陪衬也开得悠然自得。
想看最美的木棉，你必须要仰视。
木棉不落花，你很难发现它的美。

6

四叶草

幸运

希望

信心

与君相知远　不知云海深

我对虚拟世界半信半疑，却和素未谋面的人谈了场声势浩大的网恋。这场恋爱加速我的成长，也令我沉溺其中。

书的前半部分剥开诸多无奈，让你看到了成长里无法逃避的疼痛和感伤。后半部分我想写点儿甜蜜的、泛着泪花的幸福。这些幸福是你给予我的。

2017 年 3 月，我在荔枝上注册账号，发布了第一条声音。那时我不知道未来会有数不清的缘分，奇妙地降临到我身边。

2017 年 10 月，我发布了至今听来仍感动满满的音频节目——《生命中的礼物》，结尾放了许巍的那首《礼物》。每次写你，纵有千言万语，最后却都消失在胸口。

起初发布声音是为了打发时间。过往好似留在皮肤上的淤青，我用力揉搓也消散不去，只能将电台作为情绪出口，写信给自己，寄给孤独的黎明。

那些音乐背后的故事，看似是别人的，有时也可能是自己的。我把自己当作歌曲里的主角，体会情歌里的爱恨情仇，再跳出主人公视角，用旁观者的角度解读给你听。

声音永远是电台内容的载体，不可能成为真正的内容，电台主播和配音演员有本质的区别。我给学生们讲课的时候，一再强调这个观点。

每次你说喜欢我的声音，可能你并未意识到：你喜欢的不仅是声音，更有透过声音承载的温暖和陪伴。这是电台令人着迷的地方。

“我陪你长大，你陪我变老”的flag牢牢插在“茉莉伐木累”大家庭里，陪伴是一件有力量感的事情。5年时间，我们像一群肝胆相照的兄弟姐妹，友情丝毫没有松动，早就超越了主播与粉丝的关系。我隔着手机屏幕看你求学、工作、结婚、为人父母，直播间里嬉笑打闹的场景好像是昨天发生的事。

你看我每天忙得像个陀螺，转啊转，踮起脚尖伸手触碰梦想并没有不费吹灰之力。为了兑现与你的诺言，甚至缺席你的重要时刻，但我笃定，你并没有怪我。

你说，喜欢我踩着云朵摘星星的样子。我说，想把星星摘到放在你的手心。虽然我身高177cm，穿上高跟鞋离星星依然很远，只能靠时间搭一座通往天空的阶梯。

我想把星星送到你手中，不为炫耀，只为给你埋下一颗相信的种子。我想你亲眼见证我把吹过的牛一一兑现，只有这样，你才会在遭遇人生逆境、想放弃信念时，还会想起有个我。想到我曾放在你手里的星星，也许那时你会看见前方一片明亮。这是我赋予“茉莉电台”的意义，也是我无论多累，都不愿停歇的原因。

总得有个在身旁的人，让你相信一些事情的存在。我希望自己能有幸成为那个人，陪你走出迷雾，让你不再孤单。

每当我怀疑自己，就跑去翻看你的留言，我看见你对我的褒奖，发觉自己也不赖，瞬间被治愈了。嘿嘿！当你发动亲朋好友为我投票时，他们知道“茉莉姐姐”是谁吗？你是如何向他们介绍我的？突然很好奇，有机会讲给我听。

“茉莉电台”从荔枝开始，途经酷狗音乐、酷我音乐、QQ 音乐等多平台同步发布。全网播放量从 0 到 2 亿，虽谈不上举步维艰，但也绝不是一帆风顺。每次和自己赛跑，我都拼尽全力。跑慢了，我怕听见嘲笑和质疑；跑快了，我只能听到风声。

5 年时间，日复一日地对着话筒不厌其烦地录制。错过了艳阳高照，与朋友互动也变得稀少。有一天洗澡，竟发现臀部坐出了两团黑，不知是不是太瘦的缘故。手机习惯调成静音模式，微信当留言板用，工作里的专注导致我与外界联络的信号有些延迟。

日更节目 365 天无休，追音综、踩热点，听歌对别人来说是放松，对我而言是工作。本能驱使我对新歌做出解读，快速判断是否适合放在节目里，第一时间写出节目文案，进入录音室录制，后期合成成品节目。近两千期内容都是如此完成的。

有一天，QQ 音乐所有品类主播排名中，《新歌抢先听》和郭德纲老师的相声做了邻居。后面一路攀升将排名锁定 TOP10 内浮动，最好成绩是 TOP3。

那个午后，我蹦蹦跶跶跑到离录音室最近的麦当劳，点了两支圆筒冰激凌，一手拿一支和自己干个杯，然后吃了下去。抬头看到蔚蓝的天空，掏出手机想打给朋友，拨号时才发现不知不觉中我和她们的生活已经不在同一个频道了。

孤单的感受后知后觉，比起没人分享痛苦，我更怕没人分享喜悦。我将排名截图发到“茉莉工作室”管理群，他们是我这几年最真切的朋友，陪我走出人生的至暗时刻，只要我有需要，他们一定是先锋力量。

9 位管理员在群里为我欢呼。野哥激动得潸然泪下，她看到这些比我还欣慰，露出姨母般的微笑。野哥是我欣赏的 90 后，三观超正，秉性纯良，勤勉进取，学习能力强。我曾对她说，触碰到梦想的时候要到现实里去拥抱她，近距离感受彼此的心跳和温度。

去年，节目播放量全网破亿，我的头部手术也被提上日程。怕手术有闪失没机会见她，我在入院前一周坐上了飞往合肥的航班。她是我心尖尖上的朋友，一路陪我从无到有。我们在她公司楼下的咖啡厅兑现约定，拥抱时她略显局促，我尽量让气氛变得轻松。这幅网友奔现的画面永远定格在我脑海中，任时光流逝，她的温度永远都能为我驱散寒冷。

司机载着我们从合肥回老家，我和野哥并坐在后排，边吃鸭货边聊这几年的生活。高速公路上落日余晖，回家的路被渲染出一片金黄，仿佛两个相约山顶见的朋友，面对面品一杯香醇的咖啡，翘个尾巴“一览众山小”。这不是骄傲，是辛勤挥洒汗水后为自己的欢呼。

夏日的伏天，我坐在野哥家的客厅，吃着零食追着剧。野哥的爸爸独自在没有冷气的厨房准备晚餐，我们几次尝试帮忙都被劝退。那一刻，我真心羡慕，父爱润物细无声。

野哥带我去了她外婆家，那里简直是世外桃源。独院的二层小楼，厨房的灶台分柴火和天然气两种，宽敞的空间能轻松住下我们 9 个人。满院溜达鸡，随手抓两只炖在柴火上，肯定香气扑鼻。

院门口对面 10 米处有一条湍急的小溪。我换上拖鞋，双脚踏着清凉的溪水，置身林间，清风拂面，夏蝉不绝于耳。野哥在侧扶着我，生怕我摔倒在水里。

我和她请求，下次再陪我来外婆家住一晚。我想在夜晚的院子里扇着蒲扇，喂蚊子，聊我们的小时候；看夜空中的繁星点点，用蝉鸣声做 BGM（伴乐），勾勒我们的未来。

野哥的家乡之旅属治愈系，不逊色于名胜古迹。这足以证明旅行不是你去过哪里，而是你与谁同行，记忆里储存了什么。美不仅在眼里，更印在心上，驻足在脑海。

茉莉工作室团队合影

结束了野哥老家的心灵之旅，我又回到了沈阳继续我的工作，工作室的小伙伴们也都在自己的生活轨道上努力前行。

在这期间，林深见鹿完成了她的一件人生大事——步入婚姻殿堂。但因为各种原因，我和几个小伙伴没能参加她的婚礼。正当我们感到遗憾时，兔子带来了她的好消息，不久后她也要结婚了。于是一群人又约好了一定要在兔子的婚礼上相见，组团当娘家人，见证她的重要时刻。

天南海北、素未谋面，并未阻挡我们互相奔赴的意愿，这分明是大型网恋奔现的现场。陈粒用《虚拟》的歌声替我们代言：你是我朝夕相处触手可及的虚拟，陪着我像纸笔像自己像雨滴。

我年少时结识过不少朋友，后来大多渐行渐远。太念旧的人容易死心眼，对这种失去很难释怀，像解不开的疙瘩缠绕在心头。去年，我开始与自己和解，接受朋友的关系是有期限的事实。朋友若缺失共同的成长，也会心生嫌隙，不是哪一个人变了，而是大家的生活圈子和生活方式变了。刻意营造年少时的融洽，不如将过去尘封。

如果朋友有期限，那我们互相陪伴的期限有多长？我偷偷问过自己这个问题。哪天你离开了，我是否真能坦然自若？答案是：我当然不能，我是那么在乎你。但我会说服自己，那一定是你不再需要我的陪伴，有更谈得来的朋友陪你共赴人生的下个阶段。

我是万万，我在重庆
我是憨子，我在贵州
我是新月藏阁，我在云南
我是躺王
我是好甜
我是兔子
我是 Mandy
我是小鹿
我是大牛
我是今生
我是晨曦

我会为你开心，再与你挥别。你来了，我去接；你走了，我去送。好好地来，好好地去。感谢你的到来使我的生命完整，也感谢我们的擦肩而过。

有些朋友也注定不会散场，他们三观相同、心性相通、生活方式相近，无须刻意经营就心存默契。这默契是爱，更是信任，是知道我没接电话一定是错过了，理解我缺席聚会一定有自己的原因。

所幸什么样的主播会遇见什么样的粉丝。平日里，我们各自忙碌；节日里，我们互相问候。

君子之交淡如水，需要陪伴的时刻，我们的浓情蜜意会悄然而至。其他时间里，我们犹如一朵朵静静开放的小花，不同花系、不同地域、不同肤色，遍布世界的每个角落。

除了听节目相识的朋友，我还有一群陪我做节目的朋友。在从传统广播人到网络音频创作者转型的道路上，我将探索出的宝贵经验毫无保留地分享给平台上百余名主播朋友，与他们碰撞出多种适应当下电台节目的制作方向与方法。

喜欢听电台和坚持做电台的人大多怀揣着赤子之心。

小川和夏沫是主播里与我切磋最多的朋友。小川的后期制作方法、夏沫的思考方式令我印象深刻。我们互相切磋，解锁国内音频市场各品类节目，几大平台重要的节目选题均有我们的痕迹。

鲜活的友情全部源于荔枝，虽然后来其他平台也有很多温暖的“耳朵”，可不知为什么，心里总觉得敌不过在荔枝里结下的情谊。在荔枝，我投入了太多节目以外的情感，也收获了一段段三天三夜讲不完的友情。

这两年，我逐渐被平台方认可，节目播放量飙升，让更多陌生人认识了“茉莉电台”。我的情感倾注在节目本身，换来一个个每天守候节目的“小耳朵”，却和他们缺少了朋友的情分。

人生总是有得便有失，我自然懂得，索性释怀。

荔枝上的朋友，我时常惦念。一个个名字，说出来又是点名大会，竟也不知该如何说出口了。

那期《生命中的礼物》是我第一个破百万收听的节目，里面提及了很多人的名字，但远远不够。你可知道，每个人来到我生命里有先后顺序，那期节目里若没你的名字，说明你还未降临到我的身边。

Mandy 迟优秀 阿么戈 新月藏阁 双六一

鱼皮骨头 花彼岸 小豆豆 墨阳

无限深方教室 陈陈

NJ清酒 烈酒 天珑 无语 万爷吃话

在野 李蕙团子 大西几 shmily鲸鱼 工头

Maggie 闪烁 阿兰若薇

团团

双木关耳 咖啡豆 抠脚月 也墨 黑格

皮皮 Agnoy 应ying 啦啦

小酒窝 江君 漫步蜗牛 欧阳懿

Daniel 小高冷 呕呕

十月

梦汐 野孩子 无畏 蛋蛋 呓语 傲娇女王

忘川 乱葬岗的扛把子魏婴 陌冉 保时 戒戒

飞翔大魔王 阑珊守护者

你的名字有种不自知的温柔，
将我的星空照亮。

我要用一种特别的方式，隔空拍一张全家福，纪念荔枝里与你的友情，记录我的青春住着你，你的青春住着“茉莉伐木累”。

若要用一种花来代表我们之间的情谊，那就用四叶草吧，都说四叶草象征着幸运和希望。我想，能够与你们相识，也是我此生最大的幸运。

你们像是春风雨露，滋润着我的心窝。

但愿有一天在你感到灰心沮丧时，我的声音、我的节目，也可以化作春风雨露，给你带来一丝慰藉，让你看到希望的光芒。

茉莉有两个愿望：一是完成传统广播到网络音频节目的探索；二是用一本书记录下我的成长故事。

那些停留在平台的排名和节目播放量，让我对第一个愿望交上了满意的答卷；当你看到这本书的时候，第二个梦想也被点亮。

换一句话说就是：宝贝，手伸过来，我要把摘到的星星送给你！

这颗星星我用了 5 年的努力才放到你手中，希望漫长的等待里，你并未将我遗忘。你会为我开心吗？

最亲爱的你，感谢 5 年的陪伴。

你是我一只手张开、五根手指的距离，是我手心忽然长出的纠缠曲线，是玄之又玄的秘密。

愿“我陪你长大，你陪我变老”的 flag 一直迎风飘扬。

愿你跌入黑暗时，我放在你手里的星星会发出一丝微光，为你驱走恐惧，你会听见我说：“不要怕，有我在。”

我在这本书的最后一章，埋了一个彩蛋，里面装有一封信和一份问卷，等待你的开启与作答。

那份问卷你在作答的同时，我也做了一份。做完属于自己的部分，我又忍不住左顾右盼，想偷瞄一眼你的答案，走进你的世界。

我想陪你一起去心底瞧瞧，聆听彼此的心声。清晰地洞察自己，认识自己，理解自己，再遇见更好的自己。

待书出版后，我们在微博里开设个话题，分享一下彼此的答案。让我们互相走进彼此的世界，在了解中建立更深厚的友谊，陪伴到老。

瞬逝的是烟花，
永恒的是我们。

7

风信子

坚定

注视

浓情

生命

男朋友正在澳门品尝安德鲁葡式蛋挞和KFC葡式蛋挞的区别，被我突如其来带着怒气的电话打断，我向他控诉道：“波波，我被气死了，超市送来的有机西生菜竟然是坏的！”

线上买菜，没期待多新鲜，可坏的情况还是第一次碰到。一个8块7毛钱的西生菜竟受到品牌商超如此“抬爱”，我为此愤恨不已。我一边拍照填写退货申请，一边和男友吐槽：“品牌商家怎么敢如此对待顾客，是断定没人找上门吗？”

波波问：“这不是退货就行的，这是明显以次充好。我们以后还要在他们家买东西，类似的事情还有可能发生，我们得找他们谈一谈。你一会儿有事吗，等我一下！”

我心领神会，他在鼓励我反击，将维权涉及的法律常识整理出来，远程助攻。女朋友去战斗，男朋友输送武器，令我联想到布拉德·皮特和安吉丽娜·朱莉主演的电影《史密斯夫妇》，最佳拍档。

我在去超市的车上致电上海总部客服，言简意赅说明情况，电话那端采用招牌式的话术回复道：“很抱歉为您带去不好的购买体验，您的投诉我们已受理，稍后会反馈到沈阳门店，您可以先通过后台申请退货。”

“我已经在去门店的路上，西生菜现在就给你们送回去，你们看看自己是如何欺诈顾客的！派个负责人给我出具个书面证明，后续问题让我的律师找你们解决。”我在电话里的语气、语速像极了播音课上的口部操训练，目的是向总部施压，让总部联络沈阳店负责人，休想敷衍了事。

门店的服务台，有一个专门的退货口。我向服务人员说明了情况，客服姑娘却告诉我，坏的菜在网上操作退货就行了，她这里只负责门店退货，不负责线上业务。

我一脸冷笑说，“姑娘，我可不是找你退货的，我是来找你维权的。你不负责没关系，给我找个负责的出来，我已经和上海总部的客服沟通过了，是他们让我过来的。”

姑娘一听这话，看出我不是轻易能被打发走的顾客，拿了把椅子递过来，示意我坐着等。而后，她拿起电话为我联络到相关负责人。

10分钟后，一个身着超市工服、年纪与我相仿的女员工向我走来。她听我情绪激动地介绍完情况，看了下购物单和可怜巴巴的西生菜，先礼貌地向我致歉，承认是他们的失误，承诺马上为我办理退货，却丝毫不提赔偿的事。

我不紧不慢地说："根据《消费者权益保护法》第五十五条规定，经营者提供商品或者服务有欺诈行为的，应当按照消费者的要求增加赔偿其受到的损失。赔偿的具体规定你们应该比我清楚，我要求你们依法处理。"

波波的助攻弹药让我的申诉有理有据，对方马上意识到这事不是简单的道歉和退货就能解决的，说："顾客，您看这样行吗，菜我们正常退，我带您去我们楼上的货房，看您喜欢吃啥菜，随便拿一些。"

"我不是来这里要菜的，我是来维权的，否则不会为了 8 块 7 毛钱搭上我一下午的时间。我要让你们知道故意给顾客配送坏菜是要付出代价的，你们之所以敢这样做，不就是算准了线上顾客不会找上门，后台操作个申请退货就可以了结此事？"我义正词严地表明态度。

她听明我的来意，马上松口说："我们愿意给您十倍的赔偿。"

"10 倍太多了，我只要 3 倍，退一赔三。但按照法律规定，赔偿金额不足 500 元的，按 500 元赔偿，所以你需要赔我 500 元，而不是 87 元。"我一鼓作气，乘胜追击，把对手逼向死角。

对方自知理亏，接不住我的连环杀，开始语无伦次："就算有相关的法律，我们也不能按您说的赔偿。"

不是所有的鱼都生活在同一片海域，
恰巧我们是。

我迅速打断她："你说什么？你想好了再说，你是在告诉我你们这里可以不遵守国家法律吗？我现在可是全程录音的！"

她终于溃不成军，完全败下阵来，说经理今天不在，赔偿数额她做不了主，得去给领导打个电话。

她和经理沟通完，转而又开始采用苦肉计："经理说了，是有您说的相关法规，您的诉求都在合法范围，可也请您体谅下我们，给您的赔偿金要我和经理分摊，这钱超市不负责，是我们个人出的……"

维权行为，活脱脱变成了两个女人的讨价还价。我看了下时间，说："我没有义务理解你和你的同事，赔偿金谁出是你们的内部问题，我只知道这件事情我是受害者，您和经理商量出结果，直接告诉我。"

"您看能不能这样，我们赔偿您 300 块钱，西生菜现在没有库存了，您喜欢吃明天过来，我免费给您拿几个。"她终于亮出了有诚意的方案。

这基本达到我的预期。虽然再耗一会儿，500 元一分都不会少，但我还是选择收手，不想多浪费一小时，继续扮演横眉冷对的角色。和她理论的全过程，为了摆出气势，我说话音量比平日放大了数倍。

按照客诉处理流程，我签署了一次性了结协议书，收了 300 元赔偿金，恢复到平日的轻柔语气说："送的菜我不需要的，谢谢你帮我解决问题，希望以后不会再有类似事情发生，否则我会再次来维权！"

我要让他们知道，错误是需要付出成本的，再敢如此对待顾客，先算好经济账。

我有心软的毛病，如若在这里的人是波波，他定会坚持 500 元赔偿绝不退让，他的理解是：法律不允许用来讨价还价。我同意他的观点，可真上了法庭，法官最后还是劝双方庭外和解，又回归到讨价还价的本质。

回家的路上，我给波波发消息：“事情已圆满解决，有你真好。”

“看到你不再隐忍，随心而动，我为你开心。维护自己的权益顺带为改善环境出点力，挺好。”他秒回。

每次遭遇突发状况，他总能冷静应对，还不忘安抚我的情绪。事后我问他是如何做到的，他坦言是在工作中练就的。他云淡风轻地说“风险可控”的样子超帅，咧嘴大笑露着整齐的大板牙，透着一种难得的无邪。他金色的笑容毫不费力地将我眼中的黑白汹涌融化，像时光凝滞在怀中。

喜欢一个人会不自觉变得很低，不敢迈出友情的界限。在他眼里，我是闪着光从收音机走出来的女主持，生怕自己有半点非分之想。起初，我对他的感觉是个聊得来的朋友；后来回想，他为聊得来做足了功课：不仅听遍我网上的音频节目，还从中分析我的性格；我的微信朋友圈的每条动态，都当作阅读理解去做。

爱是小心翼翼，
不敢触碰的手。

我没有他想象中的好，是他的喜欢给我镀上金身。过往的痕迹深深浅浅留在心底，重新开启一段感情，奔向一段婚姻，对于有过失败案例的我来说，是缺乏信心的。

年龄差距之大、身高差之萌，几乎颠覆想象。我觉得他应该有更好的选择，我自认为会给他丢脸的过往，而他却丝毫不在意。如何让他的家人接受我、如何面对异地恋情的距离、两个人未来生活规划的调整……种种现实摆在我们眼前，前面如果埋下隐患，后面注定是徒增伤悲。

成年后，遇事总是再三思虑。年少时的无力感逐渐消失，随时都能做自己的主人。但从做自己的那天开始，就意味着你要为自己的选择负责，不许耍赖，无论结果好坏，你要敢于承担。

爱一个人是向死而生，明知前面是悬崖，也要有纵身一跃的勇气。不怕粉身碎骨、不问爱的落点、不能回头的付出，缺少如此的笃定，很难与一个人走完余生。

缘分开始得妙不可言，不足以抵御岁月的暴风骤雨，缺少防御系统的感情随时会坍塌。

年少时的爱情，只看得到蓝天白云和晴空万里，很少思虑突然的暴风雨，所以处处是遗憾。

我是个不留遗憾的人，错过他，我怕生出遗憾，或者说比起一个完满的结果，没和波波开始过，我才会真的遗憾。遗憾因胆小懦弱错过了幸福的机会。谈感情像上战场，就算你推演了完美战术，也未必会赢，但若没有反复推演一定会输。仅凭一腔孤勇，那叫撞大运。

波波察觉到我的踌躇，不但没有责怪，反而是理解和包容。他温柔地对我说："你想不清楚，就慢慢想，我确定我想清楚了！"说完纵身一跃，坠入我形容的悬崖。他说悬崖下面有海，他先漂一会儿，等我去找他。

他手写了一封很长的信。信里说：当你平静地和我讲述着过去，经历中的惊涛骇浪化成了娓娓道来，那一刻，我觉得与你相见恨晚。可转念一想又似乎刚刚好，如若我们早几年相识，未必有今日般坦诚相待的勇气与能力。你心底的疑虑我都懂，我从不担心年龄和距离，我们从兴趣谈论到音乐、书籍、艺术、人生感悟、内心的成长轨迹，无障碍交流是你我最好的桥梁，除此以外都是外在可以协商解决的问题。我确定你就是我要等的人，请允许我先向你走近一步。随信寄去一张银行卡，密码是你的生日，你可以自由支配，做任何你想做的事情，感受无条件的爱。我知道你一定不会误解我，用这种方式亵渎感情。感情在我们心里是无价的，我只是想让你知道，我愿意把我的人、我的心、我的积蓄，全都交给你，毫无保留。

我们一边渴望自由，
一边摘花养鱼，
认识了很多人，
累积了许多牵挂。

我一直想知道波波和我是否真的能够互相懂得。不是包容，不是照看，也不是宠爱，而是了解和理解后生出的懂得，像解一道数学题那样，经过曲折和明暗，明白一个人的内心。如果不能，也没关系，生活中不如意的事随处可见。

当我们还是普通朋友的时候，波波就畅想过，如果老了我们还都是一个人，就一起去云南买两套房子。楼上楼下，电灯电话，聊聊天，有事互相照看。他说他就是我的家人，他用空间界定与我的距离，只是那时我并不懂，还傻乎乎地说，要赶紧挣买房子的钱。

“房子的钱，我来挣，你不用担心！”他说。他仅仅希望爱的人平安喜乐，让我做一个不用那么懂事的孩子，懂事是自由的枷锁。他不是什么有钱人，只是一名 IT 行业的普通员工，用言语和行动在表达自己真挚的情感。

澄澈、炽热、坚韧、勇敢、忧郁、灵动都是他形容我的词语。他常说我像个万花筒，也像一本新华字典，要翻阅很久才能读完，他希望用一生来仔细阅读。

我们不会把恋爱和婚姻当作人生的必选项对待，按照父母的安排将就着过一生。我们珍视只来一次的人间，找不到身旁的那株木棉，也要做一棵遗世而独立的树。温顺对我们来说为时尚早，我们得和世界谈判，两个足够相爱的人才有与世界为敌的底气。两鬓斑白也要艳阳照，疯一疯，闹一闹。

180斤的波波跳下悬崖，激起我心海千层浪。几乎干涸的心反复被浪花冲洗，一波未平一波又起，我仿佛听到海水与礁石碰撞的声音，看到4月的茉莉对夏日的绽放。

跳！我决定去找波波，不想他孤单一个人，这样的爱拖一天都是错。

“抱歉，让你久等了，我亲爱的波波……”没等我说完，就被他揉进怀里，用一个吻填补我们之间的距离。从那一刻开始，我的整个世界变得充裕，明天生动而具体，有，且只有一个波波。

他两年前成功戒烟，一直被体重困扰，提出想减肥。人一进入到恋爱状态，就觉得自己哪里都不够完美。每个胖过的人，都有过被嫌弃的不安全感，我本来就不在意他的体重，连忙追问他突然减肥的动机。

他的答案是，为了身体健康，可以陪伴我久一些。他说以后自己不再是一个人了，要为我们负责。另外，过度肥胖的人睡觉多打呼噜，为此他专门去医院做了检查。留院观察一宿，身上挂着数不清的仪器线，像正被抢救的重症病人。

医生给出两个解决方案：减肥或戴呼吸机。他毅然选择前者。

波波吃得真不多。据他说每晚加班回家习惯嗑一把瓜子、吃几块猴头菇饼干，外加一罐苏打水，这是他释放压力的方法。我问他查过这些食物的热量吗，他说没注意过，反正吃得也不多。

人的肥胖和饮食习惯密不可分。我提示他先把解压夜宵停了，三餐少吃碳水化合物，多摄取优质蛋白，少喝甜味饮料。他都乖乖照做，坚持一个月，竟然掉了10斤。

这10斤成绩鼓舞了波波，他第一次发现减肥也没那么难。经过各种减肥方法大比拼，鉴于他没时间运动，我帮他选择了大名鼎鼎的西柚减肥法。身边认识的艺人也采用此法，查阅了相关的注意事项，我们准备付诸行动。

全程陪他一起，每天早晨空腹称体重，三餐严格按减肥食谱执行，每餐在微信互相打卡。那段时间我们说得最多的话就是：等这个周期结束了，我们一定要去大吃一顿。可每个周期12天下来，中间休息的2天，我们一是不想吃，二是怕吃馋了下个周期挑战更大，三是珍惜之前的成果，生怕反弹。

波波说，那段时间同事经常调侃他是爱情的力量，动不动就有人告诉他，过段时间就反弹了。我鼓励他："反弹就反弹呗，弹了我再陪你减，总有一次会成功。就是个减肥，失败也没什么，别上纲上线，说什么控制不了体重的人无法掌控人生。"

我就是个瘦子，一直控制体重有方，不也没能掌控住人生吗？我保持身材出于职业需要，但不见得每个职业都有这种需要。请不要为肥胖这件事焦虑，我相信如果有一天，有一个充分让你想瘦的理由，出于自己的主观意愿就想减肥，找到适合自己的方法，外加朋友和亲人的鼓励，你一定可以。

经过三个半月的努力，波波成功减重 40 斤，我也跟着掉了 10 斤。波波说，每次忍不住想吃的时候，想到有一个小瘦子在陪他同步执行食谱，就大口大口喝水充饥，忍着。

完成减肥目标的那天，我陪波波整理衣物，断舍离 17 条裤子和数不清的衬衫。陪他从头到脚选购全新衣物，看他在试衣间一次次穿着 S 码的衣物走到我面前的瞬间，我的眼睛竟有些湿润，喜极而泣。陪他从 XXL 码瘦到 S 码的全程，我们留下很多图片和影像，时不时拿出来翻看。我们有一本爱情纪念册，用文字和图片记录从相识到现在的所有重要时刻。

听说人老了，容易得阿尔兹海默症，我怕我会不记得他，也怕他会不记得我。我总爱胡思乱想，再未雨绸缪。

减肥这件小事，是我们陪伴彼此迈出的第一步。未来我们会携手迎接更多的人生挑战，一起做很多件小事。每件小事都是一颗珍珠，一颗又一颗的珍珠串在一起，串联出价值连城的珍珠项链，锁住我们共同的回忆。何其有幸，参与并见证恋人的每一次蜕变与成长，把每一个爱的动作直抵到对方心中，定格每一帧甜蜜的画面。

波波生日的时候我送了他一盆风信子，他如获至宝似的将它安置在办公桌上。卡片中，我为他写道“不管几岁，快乐万岁”，命运就算颠沛流离，但仍旧希望不要丧失快乐的能力。

都说风信子的花语是“只要点燃生命之火，便可同享丰富人生”。

我和140斤的波波奋力点燃了这颗散发微光的小火苗，在茫茫人海中护着它游向岸边。他不在我的前面，也没在我的后面，我们没有引领和跟随，有的是理解、懂得和两颗陪伴到老的决心。游累了，我就跳到他的背上，让他载着我；他累了，也可以跳到我的背上。我们在人海中游来游去，说自己的言语，建永恒的居所，点亮更广阔的天地。

波波和我的故事才刚刚开始，这篇文字却要作结。很多“耳朵”关心我的另一半究竟是何许人也，这个坦白局你们喜欢吗？与你畅快地分享我的爱情，是这个夏日里最惬意的事。

一生很短，
要和你一起滑雪冲浪。

我有一首喜欢的歌，里面藏着我对爱情的无限憧憬。一直在寻找一个听得懂的有缘人，现在似乎找到了。

歌里唱：我在浩荡的人间注视你，在狭长的记忆里标记你，在无限的时光里温习你，在有限的生命里，一遍一遍地热爱你。

我想用一生去深刻一次。

因为爱，因为一个人，为生命赋予意义。

这一生，因为爱他，为心留一片净土，就算天会荒、海会枯，我也要用泪水灌溉出幸福。

每一滴泪都是我来过人间，留下的温度。

8

红玫瑰

爱与美

勇敢

热情

人的内心，
不种满鲜花就会长满野草。

邻居家的小姑娘在单元楼门口哭得梨花带雨，邻居隔着 5 米距离瞪着她。我见小姑娘哭得可怜，掏出纸巾递过去，她似乎被纸巾的图案吸引，小心翼翼地攥在手里，哭声渐弱。

我问她："你为什么哭啊？"她满脸委屈地噘起小嘴，抱怨妈妈说话不算数。

小姑娘需要一个笔袋，看到一个中意的款式，价格却高出普通款式一倍，邻居以"都一样"为由，令女儿与喜欢的笔袋失之交臂。孩子无法理解成人世界的价值认知，仅仅是对美的本能向往，却被妈妈扼杀在摇篮中。

妈妈试图用成人世界的道理说服女儿，小姑娘根本听不进去。我不便参与邻居教育自己孩子的过程，只能从包包里翻出一包全新的纸巾，印着粉粉的 Hello Kitty 图案，递给小姑娘，哄她别哭。

小姑娘的遭遇，我司空见惯。相同场景下，说不定还会伴着一些刺耳的话：既不是书香门第，又不是官宦世家，穷讲究啥？穷是万恶之源，穷不配拥有美，穷就得将就，这听起来令人沮丧和绝望。

今年春节前夕，我想给妈妈家换套餐具。妈妈以家里餐具还能用为由，教育我别浪费。我理解她体恤我的心，可她未必了解我的内心独白。我非常认真地看着她的眼睛："妈，也许我这辈子也没能力让你住进豪宅，但我有魔法带你感受不同的生活方式，这不是浪费。"

妈妈扛不住我的软磨硬泡，我如愿以偿。与其说换一套餐具，不如说是换一种心情。我们一起研究食谱，认真做每一餐，讨论菜品的摆盘，她不禁赞叹玉盘珍馐，母女俩沉浸在新年的氛围里。

我妈从小就在父母处不得宠，这辈子得到的爱不多，自己更不会主动争取。离婚后带着我这个拖油瓶，生存问题早就已经把她的腰压弯了，还哪里敢谈生活。毕竟人到了生活层面才有心思追求“美”，我希望我妈的晚年生活美美的。

我想把“美”种在她心里，生根发芽，开出欢喜的花。

生活是需要美感的。

美感是什么？是餐桌上精心准备的每一道菜，是一套精致的碗筷，是那块棉麻的格子桌布，是桌角的那束花，是烛台上香薰蜡烛散发的梨花香。

美不仅在物，亦不仅在心，美是心借物的形象表现出的情趣。朱光潜先生说过：美是物和你，客观存在，加上审美的眼睛，才能看到美的存在。一般人看来，美即肉眼可见，而部分哲学家认为，美是心灵的产品。

这世界不停开花，
我想放进你心里一朵。

观舞剧《大饭店》

观《莫奈真迹画展》

与人的相处里，美感更为重要。

有一次，声称是好朋友的两个人，合作了一单小生意。其中一个人边称兄道弟，边摆出一副杀出底价的样子，另一个人哭笑不得。我作为局外人在旁边看得瞠目结舌，觉得恶心，毫无美感。

分手时，也能留有美感。

某女星当年遭遇情感创伤，只是回应了一句：恋爱虽易，婚姻不易，且行且珍惜。我相信她不是不会撕，只是懂得给对方和自己都保留体面。她在我心里是一个有美感的艺人。

努力追求美的人，心中自然有光，进而滋生出对生活的热爱。对生活有热爱，才会有眷恋。

浪漫不止，温柔永生。

先脚踏实地，
再仰望星空。

我知道生活不只有诗和远方，还有眼前的苟且。但能把生活过成诗的人，一定在里面投入了很多心血和精力。那些选择活在“美”里的人，无非是选择了“美”的生活方式。

我喜欢罗曼·罗兰的一句话：世界上只有一种英雄主义，那就是认清生活的真相后依然热爱生活。

美于我而言，是如棉花糖般的云朵缠绕蓝天的温柔。每个清晨睁开眼睛，习惯性先看看有没有棉花糖。如果棉花糖很多，我刷牙的时间会比平时久，边刷边眺望远方，仔细咀嚼罗大佑那句：生命终究难舍蓝蓝的白云天。

每晚趁洗漱，我也会遥看夜光中的城市。闪烁的霓虹和数不清的萤火虫置身于远处的楼群，有种朦胧的美，像只跌碎的酒杯，天亮了又会自动缝合。

月光下，浴室里氤氲着水汽，花洒细密的水柱倾泻。我用食指在爬满水蒸汽的玻璃上画圈圈，写一个人的名字，在悲伤中洗个热水澡，带上香香的味道。

我突然想到邻居家的小姑娘，她会不会带着悲伤入睡？我开始翻箱倒柜找我的香芋色黄碎花笔袋，小姑娘看到会不会喜欢，我要如何告诉她：宝贝，你没错！

美是读书和行走沉淀在我性格里的底色，是健身教练所说的核心力量。原谅我解释不清它究竟有什么用，因为它对我来说不是用的，而是我腾云驾雾的法器，就像孙悟空的筋斗云。

现在做一件事，大家首先会问“这有什么用”，却很少去想“这有什么趣”。有趣比有用更有境界，对一个人最高的评价应该是：这是一个有趣的人。

人活到最后，有趣比有用更重要。

因为有趣，我们的生命才丰盈优雅、色彩斑斓，我们才不会沦为生活的奴隶。

生命一定要有美感，和什么人在一起，做什么样的事情。只要有一双真诚的眼睛陪我哭泣，就值得我为生活受苦。和美的人一起做美的事，让这个世界更美。

夜晚的风里有诗句，把你吹到我的星系，带你看我这里的风景：树上长出爱情，河水洗涤回忆，什么都可以。

我要陪你读懂抽象线条里的情感，看凡·高笔下的色彩穿透情绪，欣赏宅男莫兰迪色彩下的冷静克制，沉醉于莫奈用光与影锁住的时间，把一瞬变成永恒。

我还要陪你听清晨柔和鸟鸣下的乐律，体会字里行间埋藏的思绪，感受艺术留给人类既免费又昂贵的礼物。

美是遵循本心，做回自己，明白生命应该用什么方式去活着。

美是学会爱自己，爱身边的人。

美是别人种麦了，我种玫瑰，我饿死，浪漫不死。

人终有一死，可美，不死，美，永恒。
我想留一点有趣和不经意的美，在人间。
为你，为我们的遇见。

一个人的气质里藏着她走过的路，
读过的书和爱过的人。

别人种麦子，我种玫瑰，我饿死，浪漫不死。

所有的好，
都不如刚刚好。

9

杜鹃花

喜悦

思乡

永远属于你

故乡，是我们年少时想要逃离、年老时想回去可能已经回不去的地方。故乡，是不经意间流露的乡音，是中秋的那轮月，是春运时的那张火车票，是 4 月清明的那炷香和开满山头的红杜鹃。

而当我们终于不知疲倦，山一程，水一程，渐行渐远才发现，故乡是根本剪不断的脐带，断了筋骨，连着血脉。

故乡是起点，也是终点，是即便回不去、也永远是故乡的那个地方。这是《朗读者》中对故乡的一段描述。

我对故乡的眷恋是年少逃离的后遗症。

小时候，极度渴望外边的世界，随王安忆看上海的弄堂，在淮海路前后游逛；跟叶兆言看南京的法国梧桐，在绿色长廊中徜徉……长大后，听陈奕迅的《富士山下》，就坐上了飞往日本的航班；伴随李健的歌声，便去向了贝加尔湖畔。

阅读和音乐启蒙了我对世界的好奇，让我想用自己的双脚去丈量这世界到底有多大，于是护照上的一个个印章带着我去到了很多想去的地方。我不甘心做井底之蛙，还骗自己说平凡可贵。**年少的历尽千帆，是为了年老归家时，少年仍在。**只有看过世界的美，才能收起蠢蠢欲动，定心度日。

我渴望平凡，但我的平凡必须是努力奋斗后的一种选择，是历经人间繁华返璞归真的生活态度，而不是对生活无能为力的托词。平凡中的美好比花还脆弱，要用卓越去守护，不然会遭遇一地鸡毛，叫天天不应，唤地地不灵。

我看故乡的眼神皆是爱。归属和眷恋化作星星盘旋在夜空，追逐暗夜的彩虹，心脏的跳动和星星的闪烁踩着同一节拍，飘在故乡的云里。几年前，我为百度录制国内旅游景点美食街的语音导航。被分到的录制区域跨越半个中国，令我失望的是没有家乡的名字。于是我便主动联络委托方，拜托他们把涉及沈阳的内容给我，我愿意无偿录制，但未能如愿。

专业的较量里，但凡涉及家乡主题的比拼，我显得志在必得。骨子里旺盛的表达欲，似乎是一种家乡情结。荔枝上“我爱你，家乡”主题节目评选，明知沈阳和一些城市比不具备优势，很难被人记住，我思考许久，还是想用情感去抓人。城市分一线、新一线和二三线，但人对家乡的情感没有等级。用声音构建画面，勾起评审与听众的思乡情，令我的节目脱颖而出。

那期节目占据推荐位很久，意味着更多人通过节目认识了我的家乡。听众就算记不得 DJ 茉莉的名字，也会记得有座叫沈阳的城市，如此我便心满意足。

世界上最美的风景都不及回家的路。

酷狗新年家乡美食推荐专题，编辑让我代表东北区域主播向全国人民推荐一道东北菜。这看似简单的命题作文，背后暗藏玄机。东北菜被太多人定义为“猪肉炖粉条”和“排骨炖酸菜”，受地方饮食习惯和口味的制约，很难让南方人爱上东北菜。南方人菜是菜，汤是汤，东北人菜汤一起出锅，叫炖。

考虑到南方人多喜甜，从甜菜入手，我推荐了外焦里嫩的“锅包肉”。这道菜作为东北菜的代表之一，东北人民不会说我瞎掰，南方人民接受度也高。

在南方出差时，屡次看到“奉天小馆”排了很长的队，好奇东北菜竟火到如此地步了？了解之后才发现原来大家是都是奔着“雪衣豆沙”这道菜去的，我们沈阳人习惯叫“雪绵豆沙”，是一道甜菜。

我的南方友人因为锅包肉和雪衣豆沙刷新了对东北菜的认知。他们眼中的东北菜，是从大块头里看到大智慧，像东北人的性格，粗犷的线条在落笔处又不失细腻。

探究东北的底蕴，不得不提红山文化和沈阳故宫。

横跨辽宁和内蒙古的红山文化遗址，将中华文明史向前推进了1000年。作为北方历史文化的代表，出土了大量文物，如今大部分被牛河梁遗址博物馆收藏，感兴趣的朋友可以前去一睹真容，感受红山文化的魅力。

而说起故宫，可能我们第一时间想到的是北京，很少有人知道，沈阳也有一座故宫。

沈阳故宫始建于1625年，由后金即清朝奠基者努尔哈赤建成，虽然都有“故宫”二字，且都曾被清朝统治者使用过，但意义却不相同。

沈阳故宫是中国关外唯一的一座皇家建筑群，为清朝初期的皇宫，清统治者在入关前使用的皇宫便是沈阳故宫，因此沈阳故宫是清王朝的第一座皇宫，而北京故宫只能算是清王朝的第二座皇宫。

2004年，沈阳故宫作为明清皇宫文化遗产项目列入《世界遗产名录》；2017年，沈阳故宫博物院成功晋级“国家一级博物馆”。

沈阳从来不是一个缺乏文化底蕴的地方，只是如果我们的好连自己都忘记了，那还指望谁来记得呢？

2021年底，我和两位朋友做了一件有意义的事——用一首歌，开启这座城市的记忆。由沈阳市文化旅游和广播电视局牵头，携手多家媒体主办的“沈阳城市新民歌”创作大赛，承办方写着“EP.809音乐工作室”的名字。关不倒、萧亮和我，在厂牌里各取所长，齐心协力打造“沈阳城市新民歌”IP，通过参赛歌曲的传唱，展现不一样的沈阳，激发沈阳人对家乡的热爱。

沈阳故宫

认识关不倒的时候，他是《沈阳晚报》的一名记者，我是沈阳音乐电台的一名主持人。每逢音乐艺人的落地宣传，我们都会代表各自的媒体单位出席，搜集工作素材。同一个新闻源头，他的报道第二天见报，我的电台节目第二天播出。

相识10年有余，中途断了联络，朋友聚会上又再次重逢。时间的长河里，我们虽在不同的水域里成长，但都在试图改变潮水涌动的方向。

20世纪六七十年代，我国台湾地区有一批音乐人推动原创音乐兴起。逐渐地，越来越多的歌手加入，促进了那个时代音乐的辉煌。

关不倒十分向往那个年代，在"沈阳城市新民歌"大赛里埋下一颗种子，为沈阳热爱音乐的青年人开辟一个通道，提高沈阳民众的音乐审美。此番良苦用心令人心怀敬意，愿意与之同行。

情怀在商业市场的价值有限，可做我们这类工作的人，若完全把情怀丢弃，也是一种悲哀。

萧亮身为评委及整个赛事的音乐总监，把入围的原创作品重新做编曲和混音；我作为初赛评委和复赛主持人，协调摄像、视觉、声音、灯光，把控核心效果输出；关不倒把控前台选手的衔接，在《沈阳晚报》几十名同事的集体配合下，我们完成了这项工作。

EP.809 的三个核心人物——关不倒、萧亮和我，带着对音乐本身的尊重，对本土原创音乐人的期许，做了这件有意义的事，三个人的友情也更为坚固。

萧亮是一位才华横溢的音乐唱作人。与他相识在逐浪剧社公开课上，我主持，他现场弹唱表演。彩排间隙，我们在后台聊起了国内音乐市场环境和音乐人的生存现状，很投机，就互加了微信。

机缘巧合下，因工作碰面的次数越来越多，我听他的音乐，他听我的节目，聊彼此的梦想。他是个内心纯净的人，音乐是他记录生活的方式。

图中人物由左至右：
萧亮、茉莉、关不倒

《奉天小巷》是他近来呕心沥血的作品，歌词翻来覆去改了十多版，编曲上更是精益求精。这首歌作为“沈阳城市新民歌”大赛的先导曲发布，却不是为了比赛而写，仅仅是一个土生土长的沈阳人，用音乐记录了自己长大的城市。歌词花足了巧思，将诸多沈阳人民熟悉的地名藏在其中。每次听这首歌都像在寻宝，解锁家乡一个个熟悉的地方。

《奉天小巷》包着中国风外壳，内核里装着一名音乐人对城市的记忆和情感。我想在心里提名一座奖杯颁给这首作品，请我的朋友萧亮永远坚持所爱，继续用音乐记录我们热爱的城市，抱着吉他在故乡悠然自得地变老。

《奉天小巷》 萧亮

大红大紫可能离我们很远，但快乐离我们好近。

我们的人生早已比许多人精彩数倍，何必为世俗名利所扰，要知道知足者才能常乐。

人生的每个阶段创作灵感连绵不绝，呼之欲出，这是我对朋友美好的期许和祝愿。

萧亮说过，我是他眼里的单身贵族。从平日的交往里，他看到我遭遇变故后的豁达和洒脱，灵感迸发想为单身群体写首歌。

几个月后，他把《贵族》的 demo（试唱唱片）做出来给我听，我非常感动。何其有幸，能成为朋友音乐路上的创作灵感。

然而反转的一幕不小心上演，我憋着笑说："萧老师，我恋爱了！"哈哈哈。

《贵族》仿佛开了光，让我告别单身。日后歌曲上线，你们记得去评论区捧场，替我感谢萧亮。茉莉听《贵族》脱单的哏儿，这里便种下了。

我和萧亮都愿意把生活的动作放慢，慢一点，再慢一点，好让我们可以更仔细地去体会里面的细枝末节。

有次工作结束后，我们正好路过奉天小巷。他像导游引导我游走在城市的毛细血管上，眼里闪着光说：“茉莉，这就是我歌里的小巷。”

是啊，这就是我们长大的小巷，奉天小巷。

他用一首歌替我们收纳了城市与一代人的成长记忆。记忆会长出翅膀，飞往任何它想去的地方。

奉天小巷，不是特指某条小巷，而是陪着我们儿时上下学回家的小巷。骑着单车，后座上坐着喜欢的女生，在雨后留下车辙的小巷。

小巷至今还住着我们的家人和朋友，有他们的城市，不开导航也不怕迷路，打个电话就有人来接我们回家。

回故乡和爱一个人的感觉很像，有种踏实感。踏实了，人才不会像浮萍飘来飘去，安家立业便有了根本。

我知道很多粉丝和我一样，年少时想着逃离故乡，游历外面的世界；也曾迷惘在都市的霓虹下，仰望星空怀疑自己当初的选择。

可人生怎么选算对呢？没有标准答案，因人而异。

我像故乡走散的一片云，
好在有风载我回去。

小城市容不下灵魂，那就自己造一个灵魂，寻两个志同道合的朋友聊聊天。大城市容不下肉身，那就先租个房子，大部分人的人生都不能一步到位，你急什么呢?

未来，无论我定居在哪个城市，《奉天小巷》都会陪着我。

这首歌里有故乡和朋友的独家记忆。就连闭着眼睛，都能想起那些细节，就像家乡的红杜鹃，在你未曾察觉的时间里默默盛开，你可能会错过它的花期，但它的颜色、它的香味，却能带给你历久弥新的回忆。

人无论走到哪里，都请记得故乡的模样，她的成长需要你的参与和见证，错过是一件遗憾的事。

10

黄色鸢尾

友情永固

热情开朗

我的青春里住过 3 朵黄色鸢尾花，她们绽放在夏日，带着橘子汽水的味道。像拉动易拉罐前的摇晃，鼓足了气儿，随着抠拉喷洒到空中，再落在阳光下的草地上，浸透我们的友情岁月。

俊俊、伟伟、威威是我的大学同窗。仔细端详她们的名字，没一个像软妹子，但我们 4 位女生却在大二的迎新晚会上合唱了周璇的《四季歌》。结尾处意外的掌声雷动让我们欣喜，后来复盘时才恍然大悟：同学们的掌声是因为俊俊演唱后下的“一字马”。我们凭借俊俊练就女子防身术时打下的童子功成功破圈。

毕业后“路遥马远”，俊俊在昆明、伟伟在合肥、威威在南京，而我辗转于不同的城市。“四季歌”的聚会从未凑齐，即便偶有联络，也都是节假日的短信祝福。

去年威威回东北探亲，我们在长春仓促地碰面，那也是我第一次见到她的女儿小米。听说俊俊有个儿子叫小泥鳅，伟伟有个女儿叫松子。她们盼望我早日找到归宿，有个安稳的家庭，孕育出甜蜜的“负担”，体验下做母亲的感觉。

威威发微信说：“俊俊带儿子来南京，你也来吧，叫上伟伟，我们四个聚聚。”

我带着埋怨回复她：“你当同城呢，至少得给我个缓冲时间，把工作推开吧！”

伟伟

威威

俊俊

DJ 茉莉

威威委屈地说："俊俊也是刚告诉我，我可第一时间就和你说了！"

我知道错怪了她，连忙回复："你们三个把时间安排好，通知我，我配合你们的时间。"

那段时间，我正处于创作状态，担心突然抽离再进入会耽误工作进度，但想到威威电话里和我说："人生没有那么多来日方长，你来吧。"

我被威威的话深深触动。是啊，**如今最好，没有来日方长。**青葱岁月相识，转眼已是不惑之年，最年轻的我们只驻足在当下。

我们最终相约合肥——伟伟的大本营。

飞机落在新桥机场，趁着在跑道上减速滑行的间隙，我发微信给来接我的伟伟："我落地了，有点儿激动！分别快20年，一眨眼，半辈子过去了。"

走出机场就看到了伟伟，我冲过去就是一个熊抱，千言万语融化在久别重逢后的深情相拥里。

她和学生时代一样，还是水汪汪的大眼睛，密长的睫毛，白皙的皮肤，完全看不出实际年龄，整个人元气满满。

判断 40 岁的女性过得如何，不用看她穿什么衣服、提什么包包，要看她的精神状态和眼神里的光亮，以及由内而外散发的活力。人的身上一旦失去活力，再昂贵的奢侈品也拯救不了那颗日渐衰老的心。

这时伟伟身旁突然跳出一个亭亭玉立的姑娘，毫不胆怯地看着我说："阿姨，我是松子。"

我愣了三秒钟，回过神："你就是传说中的松子啊，都长这么高了？"我一副没见过世面的样子，打量着这对貌似姐妹的母女。

那个同窗的小姑娘，生养出我眼前的小姑娘。松子的活泼灵动，令我联想起她妈妈年轻时扎两个小辫子的模样，一切仿佛是昨天。

如果未来我有个女儿，与她走在一起可能没办法像姐妹那般，任我保养得再好，40 岁的年龄跨度是一道越不过的鸿沟。

晚婚晚育的人大多心智成熟后才迈入婚姻，减少了家庭里不必要的摩擦，却抵挡不住时光这个小偷将岁月无情盗走。假设我的孩子 20 岁，那我最少也 60 岁了。

早婚早育和晚婚晚育究竟哪个对女性更好，又变成了一个没有标准答案的问题。因人而异，你尽管从你的实际情况去抉择。

在自己的世界里独善其身，
在别人的世界里顺其自然。

于我来说，有一天，当我想明白为什么生孩子，那一定是用时间的代价换来的。

伟伟送我回酒店的途中，松子一会儿给我递水，一会儿贴心地给我递扎头发的皮筋。她说："阿姨，你头发长，扎起来会凉快些。"

我为这姑娘小小年纪就有如此敏锐的观察力和照顾他人的能力而惊讶，伟伟在培养女儿的性情上看来是下足了功夫。

合肥 40℃的高温，犹如进桑拿房汗蒸，一出门，身上的衣服就被汗浸湿了。伟伟送我回酒店，转头就要去高铁站接俊俊和威威。俊俊带着儿子，威威带着女儿，我们满心期待着多年后的重逢。

刚到酒店房间坐定没一会儿，就接到伟伟发来的微信："她俩把行李落在去高铁站乘坐的出租车上了，得改签下一班车了。"我哈哈大笑，但丝毫不觉得意外。

威威和俊俊生活中本就自在惯了，难免不拘小节，另有亲人的呵护，帮忙料理各种生活方面的琐事。两个很少单独带孩子出门的妈妈以能看好孩子为底线，其他方面可忽略不计。

伟伟和我，一个是军人家庭长大，一个是没有伞的孩子，自然会照顾人一些。若论工作成绩，威威和俊俊真是一丝不苟，均是台里的骨干，更是新媒体领域的翘楚，威威在某短视频平台的粉丝量都突破 300 万了，我好生羡慕。

越长大越明白，人各有所长，也难免有所短。我们四个能成为好朋友可能是没有攀比，只有懂得、理解和包容。

朋友间容易犯比较的错，在比较中失了分寸，比的究竟是什么呢？无非是用己之长比他人之短，证明自己厉害；抑或是以己之短比他人之长，自怨自艾、心生嫉妒。

如果非要比，不妨和自己比，和过去的自己比。像母亲记录孩子的成长过程一样观察自己、调整自己、进化自己，看着自己慢慢长成真正的大人。

伟伟预言，威威和俊俊的带娃组合，必定“事故”连连。果然不负众望，两人明明一起来的，出站口处却只见俊俊带着儿子出来，威威和女儿被扣在了里面。原来小米的身高超过了 150cm，原本买的半价票需要补全票，俊俊带着孩子出来的时候，威威正在里面补票呢！

我心里嘀咕，威威是不是不知道女儿身高，平时带孩子出门难道都是孩子爸爸安排？但换个角度想，不操心的女人最幸福，与其说调侃她神经大条，不如说羡慕她所托良人，在柴米油盐的琐碎里，理解她、包容她、照顾她。

小米和小泥鳅很玩得来，松子则是十足的姐姐风范，一路照看着弟弟妹妹。我们把孩子“寄存”在商场顶楼的猫舍，就当那里是临时托儿所，然后安心地下楼逛街。

看着俊俊从试衣间走出来，三个人不约而同地“指点江山”：“这两件不错，买！那几件不行，再看看……”

这让我们联想到大学时，威威曾在商场看到一条心仪的裙子，看了价签后望而却步，后来伟伟陪她找到块相同的布料，到裁缝店做出了一条一模一样的裙子。

女生的少女时代，对一件东西的喜欢与渴望，种在脑子里就是一辈子。如今，我们不再有买不起的裙子，但往事依然历历在目。

我们带孩子逛科技馆，在陶艺馆拉坯，在夜市上打气枪。小泥鳅弹无虚发，枪法令我惊讶。这瘦瘦的小家伙不声不响，还挺有爆发力，像俊俊。

小米自称干饭人，不太吃青菜，我们苦口婆心地对她说："小米，你要多吃蔬菜，搭配适量主食，否则会越来越胖，以后就没办法穿漂亮的裙子了。"

小米还小，无法意识到身为一个女生，一生都要和体重博弈。哪个女生不想穿 S 码，变瘦变漂亮呢？体重这东西，越长大越难控制。

乐天派的小米似乎感受到我们的善意，不是嫌弃，而是鼓励——希望她跳芭蕾时，可以做一只瘦瘦的天鹅。她若有所思地问我们："我最好的朋友和我同样的身材，如果我瘦了，别人会不会嘲笑她，说你的好朋友这么瘦，你怎么那么胖？"

我被她的提问瞬间暖到了。果然贪吃的人心眼儿都好，有一颗柔软的心脏，这点很像她的妈妈。

我似乎从三个孩子身上看到了传承的力量，想让自己的孩子成为什么样的人，首先你就要是一个什么样的人。言传身教，是亘古不变的真理，教育孩子这件事，从来没有捷径。

轟街夜市的入口处，有个摆摊收费的全民 K 歌，很像我们小时候街边的卡拉 OK。我们乘着时光机回到那年的迎新晚会，又想起了那首《四季歌》，但这次不同的是，台下喝彩的不再是同学们，而是自己的子女。伟伟的先生也用手机为我们记录下这个珍贵的瞬间。

淡然于心，从容于表，自在于世间。

我们四人的微信群就叫“四季歌”，威威在分别时写：“如果这个世界上有人是我真心希望他过得好的，除了我的家人，就是咱们这个群里的人。”

我明白她说的真心，是真切的情感关联，不似旁人关系里的客套。

回程的飞机开始滑行，我像夏令营结束准备回家的孩子，一面开心回去能见到妈妈，一面感伤四人下次再聚齐不知何时。伟伟送我去机场的路上说：“如果下次再见面是20年后，我们都60岁了。”

我说：“那你们三个得带孙子辈的来聚会了，我就是有了孩子肯定大学还没毕业呢！”我想用这种调侃稀释分别时的伤怀，让她笑着看我离开。

我在回家的航班上给她们写了一封信，内容如下——

我们四人曾结伴游历世界，而后分别，在各自的土壤里生长。我们像一株植物，南方北方都能栽种的植物，但由于地域气候不同，绽放的花期也不尽相同，能互相参照，但生长的经验却无法完全复制。

我希望你们过得比我好，但别好太多，行吗？我不是善妒，而是比我好太多意味着你要付出更多，我会心疼。还要担忧你比我好太多，我们会有天然的距离感，可聊的知心话反而越来越少。

生活环境大相径庭的人彼此无法感同身受。我们现在这样就刚刚好，我可以悲伤着你的悲伤，幸福着你的幸福。在别人的故事里看到我们曾经走过的路、犯过的错，重新审视自我，获得更多的能力，守护我们想守护的人和事。

一个人想达到优秀不难，凭努力就够了。想成为卓越的人则不同，仅有努力和热情是远远不够的，还要有出身、天赋、机遇和后天的运气。接受自我的平凡，努力向上，不给社会添麻烦，再顺路为改善人类环境尽些微薄之力，你看，咱们这样是不是就不错了？

有句俗话说，这个社会只要你的长板够长，没人在意你的短板。与其每天雕琢短板，不如把更多的精力投放在如何增强长板上。这样，人也会更自信、快乐。

比我好看的，没我身材好；比我身材好的，没我好看，如果恰巧比我好看，她可能没我有才情。哈哈，学会哄自己是一门本领。

生活需要一些智慧才能让自己快乐。顺境中谦卑低调，不骄不躁；逆境里勇往直前，不卑不亢。无论高山低谷，随遇而安，保持一颗豁达的心。

小女子也曾贪玩、不学无术，如今想来没啥拿得出手的谈资。反而经历诸多变故后，有幸感悟生活的真谛，在结疤中发芽，在坚强中柔软。

我们都有自己要面对的人生课题，既然有些成长爱人和父母帮不了我们，那不妨积攒体力，随时迎接人生的考验！

三位同窗最让我感动的地方是“没变”，和学生时代一样，这点难能可贵。感谢保护我们“没变”的那些人，让我们得以生出自由的翅膀，有底气任性地翱翔。

让我们携手并肩迈入人生的下半场，快乐时有人分享，难过时有人分担。愿我们时刻保有一颗充满活力的心，抵抗岁月留在脸上深深浅浅的印记。

记住年少模样，更无惧白发苍苍。

这是在 2022 年 8 月 24 日下午，合肥飞往沈阳的航班上，写给三位同窗的表白。我爱你们，很爱很爱！一起加油，先遇见更好的自己，再滋生更多的爱给身边的人！

飞机即将落地，我要回家看妈妈了！比心。

再次感谢伟伟全家对我们“上上宾”的款待，很窝心，细节处弥漫着爱的温度。吧唧。亲亲。

你要在自己的目光里，
永远鲜活。

松子是我的小迷妹，我记下了，嘿嘿，开心。这事儿我一会儿到家先和我妈吹个牛，886，期待下次见面。

飞机落地，我刚好写完这封信。

我要用伟伟的临别赠言为此篇作结——

岁月来袭不扰不惧，折枝豆蔻别在鬓边，溜走的是匆匆时光，留下的是永恒美丽。

未来的每一天，全城的黄色鸢尾花，都将为我们的友谊怒放。

11

蓝雪花

冷静

忧郁

勇敢

率真

所得　所不得　皆不如心安理得

今天比昨天好就是希望。

书到截稿处，本该有种考试结束扔掉书本的快感，可以甩甩新长出的头发，洒脱地告别 40 岁。我想和那些痛苦与欢乐、失败与成功、残缺与圆满统统作别，了无牵挂地说句再见，迎接人生下半场。可惜天不遂人愿。

闺蜜突然发来短信："脑子里长东西了。"

我对着电脑敲打出的文字发呆，眼前忽然白茫茫一片，黑色的仿宋体字如星星般一颗一颗坠落，悄无声息。我咬紧牙关握起拳头，竟不知挥向何方，绵软的拳头纠缠着软弱的意志，仿佛跌入看不见底的深渊。

半个月前我们还说，等我把这本书写完交给出版社的莎莎老师后，要将这几年缺席她的时光都补回来。她要带我去露营、看露天电影；我让她陪我学油画，还要兑现我们年少时的约定——西藏之旅。

明明几天前，她还说："你安心把书写完，我等你！"

多少个“我等你”，让人看不清归期，在世事无常里沉浮，在人心涣散中凋零。只剩下一个细长的身影，孤零零站在人生转角处。

任我们如何成长，都追不回缺席彼此重要时刻而逝去的时光，时间的空白站在那里发出嘲笑声，冷冷地看着我。

我为她父亲离世时自己的缺席感到惭愧。她曾说精神世界能依赖的朋友不多，我猜想，那时她最想借我的肩膀靠靠。她是别人世界里的大人、我世界里的小朋友，不是我强大，而是因为她对我信任。

我试图解释缺席的原因，思来想去却只化成了歉意。**真诚的歉意往往比解释更令人宽慰，**比起对我的理解，我更想让她得到一丝安慰。

错过的时光已无法再追回，何不洒脱放手？错过一件事，有时是为了教会你别错过下一件事。人生就是由一件一件的事组成，谁的人生都免不了错过。

我平复心底的波涛汹涌，给凯哥打电话，他让我带患者和片子去医院。我陪闺蜜做了进一步检查，清晰扫描出肿物的位置、大小。不幸中的万幸，肿物确诊为良性；万幸中的不幸，要进行开颅手术。

闺蜜的荔枝名字叫 Four，生日特别场直播时你一定见过。生活里，我习惯唤她彬彬。

所有的不依不饶，都是画地为牢。

她怕身处外地的妈妈担心，打算瞒着家人完成这场手术，但开颅手术的不确定性太多，医生要求必须有直系亲属陪同，她只能硬着头皮给妈妈打电话。

彬彬的妈妈第二天便到了沈阳，我们却还要等待北京天坛医院的会诊消息。

在这期间，我妈妈也病了，腿疼得蹲不下身子，我带着她去医院检查。那一刻，我在想：是不是人越长大，离医院越近？暂不论为谁而去，医院轻而易举成为我的打卡高频地。

老专家看完我妈的片子后，诊断为关节炎，说关节中的软骨磨没了，我问了句："那还能再生吗？"

他打量我一眼反问："让我和你妈回到你的年龄，你觉得还有可能吗？"知识不对等的鸿沟，让我的问题显得可笑，专家满身的优越感，散发着金光。我突然反省自己，工作里是不是也与人如此对话？

成长最大的好处是你终于懂得变换一个视角，再看待世间万物，自然就变得谦逊。时刻敬畏世界之大，人外有人，天外有天。我们不过是凡人，都有需要别人帮助的地方。

帮别人时的姿态，足见一个人真正的修养。

我的成长，至死方休。

排队取药时，又有朋友打来电话想马上见一面，说家庭出了点问题，想听听我的意见。连续几天的突发事件，令我身心疲惫。早没了 20 多岁的精力，我心里嘀咕着：我这书稿马上结束了，你们的事情就不能等我忙完了再来吗？

成年人的精力有限，时间的分配代表精力所在。我自问不是一个能提供情绪价值的朋友，很少在家人以外的情绪问题上为其他人提供帮助，因为一旦开了这条口子，我的时间将被琐事撕碎。

普通家庭长大的孩子，一旦上了社会的战场，缺少父母送你的盔甲，安身立命本已不易，哪有时间陪含着金钥匙出生的人嬉戏玩耍？

有些人的享受生活就是有些人的浪费时间。

我把时间看成自己最大的成本，极其吝啬。不知道大多数人除了时间以外，还有什么是可以凭借的资本，能够战胜自己和这个世界。

彬彬的妈妈和我通电话，讨论治疗方案的选择问题。北京的会诊结果也是主张手术。她决定放弃保守治疗的方案，开这个刀。电话里她哭着说："你能帮我问问你哥，术后还有些什么后遗症吗？"

我耐心地安慰她，解释哥哥不是神经外科的医生，没办法回答她的问题。另外，神经外科医生的微信已经推给彬彬，有什么问题都可以随时咨询，让专业的人做专业的事，对彬彬的益处最大。

我与闺蜜的感情：
不用刻意联系，
见面依旧如故。

我意识到她妈妈接近崩溃边缘，很心疼。去年我自己做头部手术，我妈也是同样的心境吧！妈妈都假装着坚强，做孩子坚强的后盾，告诉自己不能先倒下，但其实妈妈的心理比孩子还脆弱。

“阿姨，我理解您的焦虑，我们先冷静分析下。负责手术的医生已经联系上了，住院的床位也不是问题，手术费用也不愁，术后有您亲自照顾。我们能做的是不是都做了？手术台上我们力不能及，但我们可以一起陪着彬彬，用轻松的心态面对手术。她一定会平安的，放心！”我尽力安慰一颗母亲的心，尽管自己没做过母亲，但我懂得。

陪彬彬的妈妈聊了一个多小时，嘱咐她后面的陪护很消耗体力，此刻要多休息为益。妈妈坐在我旁边，看我挂了电话，冲我竖起了大拇指。她说：“我女儿又长大了，不仅能照顾我，还能照顾朋友和朋友的妈妈了，但也要记得照顾好自己，抓紧时间把书写完。”

书很重要，可朋友更重要。这个世界不缺会写书的人，缺的是特殊时刻愿意放下所有陪朋友走一程的人。我们聊起这几年错过的时光，一起洗澡吃大餐，还商量入院前拍几张合照，放在书里撒糖。

小时候认识的朋友，即使不能再像以前那般一起玩耍，温存也要永驻心中。

我感动于她真诚满满地对我说："我不想你融入我的朋友圈，我怕你累。"

我明白她说的累，是不想我为了她去迁就谁。出于礼貌的朋友和发自内心腻在一起的朋友有本质上的差别，朋友的朋友未必都有缘分成为朋友。

我们和话不投机的人保持距离，好像是骄傲了。情商高的朋友会说："你还是年轻，不谙世故。"可最谙世故、最懂眉眼高低的人不也同样遭人非议？我只想简单地与人相处。

没有比身体舒适和精神愉悦更简单的快乐。

彬彬和我讨论手术风险和后遗症，说有啥意外让我忘记她，猝不及防的一句话像子弹穿透我的心脏，来不及穿上防弹衣，流了满地血红色的眼泪。

"比起忘记，我更担心你嘴歪眼斜，你那么爱美！"我想化解尴尬。

"面瘫也没啥，左右我也不爱笑。"她一副口是心非的样子。

她笑起来很美，我不能接受她面瘫，偷偷跑出去给凯哥打电话，拜托他帮我联络最好的医生团队。很多事情除了人力，还要沾点运气，我只能在心底默默为她祈祷。

QQ 音乐上我专门为她建了一个歌单，将我们喜欢的歌放在里面，希望这些歌能代替我陪着她，抵抗住院期间的百无聊赖。

康姆士乐团那首《我不希望你孤单地去面对整个喧哗世界》，将我想对她说的话藏在里面，李永柱的音乐有种神奇的魔力，使内心会瞬间被融化掉，温暖治愈一个人。

彬彬让好朋友小渔帮她把头发剃光。我对剃光头有种发自内心的抗拒，便有意避开了现场。看到亲近的人一次次如此，任我再成熟理性，也跳不过堵住胸口的大石头，像山体滑坡，数不清的碎石将我湮没在漆黑一片的悲伤里。

饭桌上，我把彬彬交还到她妈妈的手中。往后的治疗是她们母女需要直面的人生课题，需要母女齐心共同战胜病魔，我只能在旁边为她们加油，当好啦啦队队员。但愿这一劫平安度过时，缺失多年的母爱可以重回闺蜜体内。

亲情的遗憾，在人生意外处逢转机，得以弥补，对她们母女是冥冥中最好的安排。上帝总是为你关上一扇门，又为你开一扇窗，生活的迷人之处尽在于此。

再见和日落的寓意，
都是未完待续。

人总希望如愿，却没人能事事如愿，但也不会让你每个希望都落空。你看我，出版这本书的愿望即将实现了，洒脱告别 40 岁的心愿却落空了。

闺蜜的手术是我的牵挂，妈妈的腿是我的羁绊，说不清道不明的情愫纠缠在一起。奇怪的是，这一次我竟没有丝毫焦虑，只把它们当作生活里需要解决的普通事件。一件件理清头绪，找出关键点，问题也都一步步迎刃而解。

这就是孔子说的四十不惑吗？如果我早 10 年拥有当下的心智，人生会不会是另一番景象？可人又怎么能站在 40 岁上去悔恨 30 岁的生活呢？更不能站在后来的人生高度否定年少时做过的决定。哪怕重来一次，以我们当时的心智和阅历还是会做当初的选择。

焦虑引发的情绪总是盖过实际解决问题的方法。

我还是那句话：除生死，无大事。凡小事都有解决的办法，别不停地给自己制造焦虑。

看看远处的落日，吹吹温柔的晚风。看着泡泡枪吹出的泡泡，落在爆盆的蓝雪花上，冷静的蓝色花朵带着一丝忧郁，五片花瓣下又藏着它的热情率真，和闺蜜的性情如出一辙。

余生不长，
得活出自己喜欢的模样。

待彬彬出院，我要送一盆蓝雪花给她，让这抹蓝色开满她的整个夏天，穿越回我们相识的那天——那个万圣节，一个帅帅的女生向我走来，大方地说："留个联络方式，下次有机会一起玩。"

我说："好。"

这一次换我走向她，伏在她耳边轻轻地说："出院了给我打电话，我等你！"再把写着电话号码的纸条塞进她的掌心，头也不回地离去。彬彬，我在未来等你。

与这本书相爱相杀的这段时间，我开始重新审视自己。发现自己内心的丰盈，也意识到它的缺失。附着在我身上的特质，层次分明、棱角清晰，无论好或坏，我都试图开始与自己和解。

再见，40 岁！

我了无遗憾的 40 岁！

你好，40 岁！

我跃跃欲试的 40 岁！

生命只有一次，
你要活得畅快淋漓。

莫让今日的酒，装着昨日的伤悲。

12

跳舞兰

快乐无忧

隐匿的爱

致 10 年后的我们

亲爱的你：

这本书快翻到结尾了吧？

我想在书的最后写一封信给你，写给 10 年后的我们。不管未来遇到什么，我希望这封信能够一直伴着你我乘风破浪，宠辱不惊地驶向我们想要到达的彼岸。

10 岁的时候，老师让我们用“长大后，我想成为……”造句。我当时的回答是：“我想成为一名有用的人。”

怎样才算有用的人呢？现在想来也许是一次次被你需要的瞬间。

感谢你情绪低落想找个人说话的时候，第一个想到的是我。每次话题结束前，你都不忘告诉我：“茉莉，我好多了！”那一刻，我确信自己是一个有用的人，为你提供了情绪价值。

你呢？你 10 岁的时候，给老师的造句答案是什么？有哪个瞬间，你觉得自己实现了吗？

你我皆是赤脚来，
何惧人生坎坷路。

20 岁的时候，我对当年的答案有了更具体的规划："我要成为一名主持人。"于是一路求学，进入传统媒体工作，每一个动作都在向答案靠近。

你 20 岁的时候，想过以后从事什么职业吗？有为你的职业规划付诸什么具体行动吗？是一直坚持还是中途放弃了？坚持的，我为你鼓掌；放弃的，我给你拥抱。我还想对你说："没关系，那只是人生的一个选择而已，人生是由无数个选择组成的，你只要不是每次都轻易放弃就好。"

30 岁的时候，我的工作顺风顺水，为采访过很多名人而沾沾自喜。后来才明白，那是平台赋予我的力量，我随时可以被其他同行取代。

打那时起，我决意在未来做一些不会那么轻易被取代的事。我曾经最大的愿望是拥有美满幸福的家庭，相夫教子、平坦度过余生。我不仅高估了自己捍卫婚姻的能力，更高估了另一半对婚姻的忠诚，最后落得满盘皆输的下场，但我愿赌服输。

你 30 岁的时候结婚生子了吗？你在相信爱人的同时，有没有为自己留一点余地，坚持做一个经济和思想都独立的女性，拥有努力挣钱给自己的底气？我愿你不加班，不为发量发愁，不被现实生活压弯了腰。

惬意的生活是：
忙有所值，闲有所趣。

40 岁，我已从婚姻的桎梏中解脱，重新找回自我，梳理内心的成长脉络，思考余生要过什么样的生活。

你 40 岁的时候会是怎样，幻想过吗？我希望你 40 岁的时候拥有 30 岁的身材和外貌，长知识、长阅历、长心眼儿，就是不长皱纹和肥肉。不出意外，你应该遇见那个对的人了，说不定都升级为父母了，在这里恭喜你！

50 岁，我希望把前半生未做完的功课统统补上，有个幸福美满的家庭，让妈妈和我的亲人放心，让他们看见我老有所依。

你 50 岁的期许应该和茉莉有所不同吧？我冥冥中走了条少有人走的路，可我不希望你走我的路，那些醉生梦死熬过的苦，我不忍你经历。我要你的生活是甜的，如若余生有人护你周全，不长大又何妨呢？

我无法预知正在看这封信的你现在几岁，身处不同环境和年龄的人对未来的期许也不尽相同。但我想与你求同存异，无论 10 年后的你几岁，经历了什么，都不要忘记问问自己快乐吗。

亲爱的“小耳朵”，10 年后，请你记得再来看一遍这封信，与我一同把手心放在胸口，发起灵魂的叩问：

心有远方，步履不停。

这 10 年来做过的事，能令你骄傲无悔吗？

那时候你曾相信的人和事，没有被动摇吧？

另一半和缘分已经出现了吗？

如今的成就还算不赖吗？

旅途中增长的经历，有让你的棱角消失吗？

当初坚持的还在吗？刀锋不会磨钝了吧？

你变成他们口中的那个老练的人了吗？

你情愿变得聪明而不冲动吗？

走一步停三停，反复思考利弊，会累吗？

借一位音乐词人写给自己的《给 10 年后的我》送给你。

人只要认真地活过，内心就少不了闪过的光亮。这光亮有你给别人的，也有别人给你的，我们相互取暖，彼此照亮。每一次感动都是一缕星星之火，在未来的人生处汇集，挥洒出一道银河，照亮我们前方的路。

10 年，人生一个不长不短的跨度，区区几场成败，应该不至于让我们麻木了吧？若你我忘掉理想只忙于生活，还会快乐吗？

这封信写给 10 年后的我们，也写给 20 年后，甚至 30 年后的我们。再一个 10 年过去，我无非还是那一句："你快乐吗？"

别为难自己，活得像你自己就行。

愿看到这封信的有缘人，尽快破解快乐的密码，别太迟！

我要把一朵寓意快乐的花送到你的手上，名字叫跳舞兰，又名文心兰。花朵呈亮黄色，小花像一个个美丽的花季少女，裙裾飘飘，翩翩起舞，潇洒自在。

请照看好你的跳舞兰，花期在金秋 10 月，每年开一次花，守护它就像守护你的快乐一样。一年，两年，三年……

10 年后，你积攒的那些小快乐定能生出大快乐，感染身边的每个人。这样的你极美。

人生海海，
有帆，有岸，有你。

面对自己，

也许你有一堆问题不知从何问起。

今天，

我为你找到一个方法。

请先认真读完我写给你的信，

再填写这份问卷，

与当下的自己对话，

触碰最真实的自己。

1. 我们用声音互相陪伴多久了？

2. 你上次开怀大笑是什么时候？

3. 你喜欢现在的自己吗？

4. 你认为快乐是什么？

5. 你做过什么事令自己感到骄傲？

6. 你的哪个特点让自己痛恨？

7. 你的哪个特点让自己欣赏？

8. 你最难忘的旅行是哪一次？

9. 你最痛恨别人的什么特点？

10. 你喜欢的男性身上有哪些品质？

11. 你喜欢的女性身上有哪些品质？

12. 你最看中的朋友有什么特点？

13. 你最珍惜的财产是什么？

14. 你最奢侈的是什么？

15. 你最后悔的事情是什么？

16. 你最好的朋友多久没联络了？

17. 你最伤痛的事情是什么？

18. 你最信赖的人是谁？

19. 你与父母的关系亲密吗？

20. 如果你可以改变家庭里的一件事，你希望是什么？

21. 你上一次敞开心扉与人诉说是什么时候？

22. 你认为自己身上有什么是别人拿不走的？

23. 假如生命只剩最后一天，你会对身边的人说什么？

24. 若你很早就明白爱情悲喜参半，有甜，也有苦，你还期待吗？

25. 你内心渴望长大还是恐惧长大？

26. 你什么时候最脆弱？

27. 你最有效排解负面情绪的方法是什么？

28. 你最希望得到谁的肯定？

29. 你最想改善自己的地方是什么？

30. 你目前最想努力的事情是什么？

问卷回答 ANSWERS

这份问卷你在作答的同时，

我也做了一份。

我想陪你一起去心底瞧瞧，

聆听彼此的心声。

清晰地洞察自己，

认识自己，

理解自己，

再遇见更好的自己。

希望这份问卷和我的回答会对你有所启发。

1. 我们用声音互相陪伴多久了？

1～15年不等。

2. 你上次开怀大笑是什么时候？

几天前。

3. 你喜欢现在的自己吗？

喜欢。

4. 你认为快乐是什么？

身体健康，衣食无忧，做喜欢的工作，平日里与家人和朋友的互动不断，情意绵绵。

5. 你做过什么事令自己感到骄傲？

《新歌抢先听》专辑QQ音乐收听量破亿，这意味每13个人里，就有一个人听过我的声音。

6. 你的哪个特点让自己痛恨？

心软。

7. 你的哪个特点让自己欣赏？

善良、真诚、专注。

8. 你最难忘的旅行是哪一次？

澳洲珀斯老鼠岛。

9. 你最痛恨别人的什么特点？

缺少真诚，用世故当圆滑。

10. 你喜欢的男性身上有哪些品质？

真诚、果敢、勤勉、专注、有责任感。

11. 你喜欢的女性身上有哪些品质？

善良、温柔、坚韧、有趣。

12. 你最看中的朋友有什么特点？

善良、真诚、谦虚、上进，有共情力。

13. 你最珍惜的财产是什么？

健康。

14. 你最奢侈的是什么？

时间。

15. 你最后悔的事情是什么？

读书时贪玩，未拼尽全力。

16. 你最好的朋友多久没联络了？

一周。

17. 你最伤痛的事情是什么？

父亲不记得我的生日。

18. 你最信赖的人是谁？

家人。

19. 你与父母的关系亲密吗？

母亲亲密，父亲疏离。

20. 如果你可以改变家庭里的一件事，你希望是什么？

希望母亲不再觉得对我有所亏欠，她已经给了我最好的教育。

21. 你上一次敞开心扉与人诉说是什么时候？

昨天。

22. 你认为自己身上有什么是别人拿不走的？

阅历沉淀在我骨子里的坚强、乐观、勇敢。

23. 假如生命只剩最后一天，你会对身边的人说什么？

每天抬头看看蓝天和白云，大自然比人有趣。

24. 若你很早就明白爱情悲喜参半，有甜，也有苦，你还期待吗？

期待。

25. 你内心渴望长大还是恐惧长大？

渴望长大，有能力保护想保护的人。

26. 你什么时候最脆弱？

不被在乎的人理解的时候。

27. 你最有效排解负面情绪的方法是什么？

听音乐、吃东西、睡觉。

28. 你最希望得到谁的肯定？

自己。

29. 你最想改善自己的地方是什么？

内心再打开些，活得更自如些。

30. 你目前最想努力的事情是什么？

进入视频领域做些创作的尝试，突破自己的舒适圈。

阅读至此，有你喜欢的金句吗？

“面对自己”的问卷环节，你想到了什么？

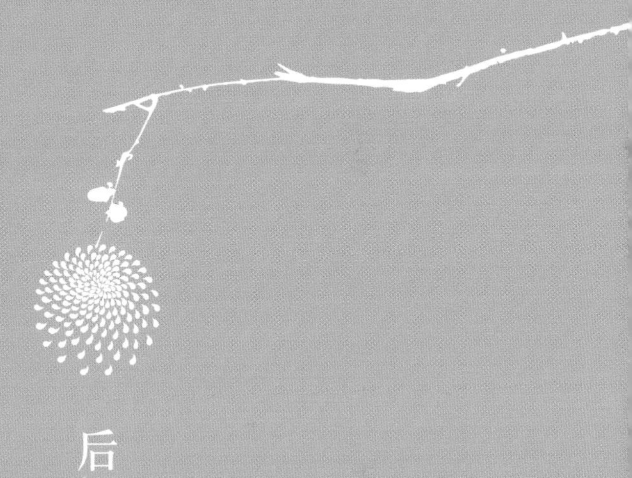

后记

每次去电影院观影，影片结束时屏幕上总会滚动密密麻麻的名字，甚至来不及反映他们与影片的关系，暗场的灯就亮了，这群幕后英雄就这样与我们擦肩而过。

一本书的问世，也有你不为所知的幕后英雄。我不希望你与他们只是擦肩的缘分，所以再给我一首歌的时间，让这本书完美落幕。

除了“感谢”二字，我找不到比这更恰如其分的词语来形容我此刻的心境。

个体的局限被群体的连接打破，人类情感的纽带让你我本能地互帮互助，你中有我，我中有你。

当一个人的事变成一群人的事，一个人的书变成一群人的书，这件事就有了不寻常的意义。

书的署名是我，但绝不只是我。我的身后站着的是以不同方式支持我的工作伙伴、朋友和家人。

第一次去出版社，与田强先生和鲁莎莎女士聊得投契，三个人不约而同地从椅子聊到了桌子上。莎莎女士说，那是她第一次和作者坐在桌子上讨论工作。哈哈哈，凡事都有第一次。谢谢您身为编辑给予我的帮助、鼓励和信任。

田强先生，我私下称呼他田哥，多年前在沈阳广播电视台结下的缘分，10 余年后竟以这种方式延续，唯一不变的是我还唤您“田哥”，熟悉而温暖。谢谢您与莎莎帮我圆了写这本书的梦。

摄影师颂涛先生，您在三伏天的黄河边手举相机险些脱水晕厥，还不忘鼓励保鲜膜里的我再坚持一下。感谢您用镜头定格我最迷人的瞬间，让有趣的灵魂更有颜。

黄静和黄岚翼女士，谢谢你们不厌其烦地一遍遍陪我校对，事无巨细地提醒我优化每个细节。

路征先生，感谢您在交谈中用心挖掘我身上的特质，力求将这本书的装帧设计出茉莉独有的味道。

申翠兰女士，谢谢您从未把女儿丢下，陪伴她健康平安地长大。未来，她也会陪伴您，守护您。这本书出版之季，正值母亲抗癌的第 9 个年头，母女俩齐心协力战胜病魔，创造出生命的奇迹。在此，祝贺母亲涅槃重生！

刘继波先生，谢谢你的超强男友力包容我的每个情绪转折，给予我无条件的爱，治愈我、滋养我。我们要比翼齐飞，去更广袤的天空盘旋。

最后，还要谢谢有“幸运”加持的自己，将昔日过往转化为今日心底的勇敢、自信、豁达、从容。这朵茉莉是梦里开的花，永远不会枯萎。

谢谢你来赴这场烈焰繁花。